Szkarłatny kwiat kamelii

PODRÓŻE RETRO

Antoni Ferdynand Ossendowski

Szkarłatny kwiat kamelii

Opowieści z życia Japonii

ZYSK I S-KA
WYDAWNICTWO

Adiustacja
Paulina Jeske-Choińska

Projekt okładki i stron tytułowych
Paulina Skierkowska-Radomska

Projekt graficzny logo serii
Studio Flow

Opracowanie graficzne i techniczne
Przemysław Kida

Wydanie I w tej edycji

ISBN 978-83-8116-325-5

Zysk i S-ka Wydawnictwo
ul. Wielka 10, 61-774 Poznań
tel. 61 853 27 51, 853 27 67, fax 852 63 26
Dział handlowy, tel./fax (0 61) 855 06 90
sklep@zysk.com.pl
www.zysk.com.pl
Druk i oprawa: WZDZ - Drukarnia „LEGA"

SZKARŁATNY KWIAT KAMELII

I

Był promienny lipcowy wieczór. Cała Jokohama wyległa na ulicę. Kupcy, urzędnicy, popychacze dżenerikszy* i rzemieślnicy siedzieli przed swymi domkami z bambusu, papieru i laki, a pałającymi, zachwyconymi oczami spoglądali w jednym kierunku, zapatrzeni, zasłuchani.

„Co pociąga oczy tych ludzi w białych lub barwnych kimonach i w drewnianych *geta*** na zachód?" — myślał, przechodząc ulice Jokohamy, Olaf Larsen, sekretarz poselstwa szwedzkiego.

Gdy się wpatrzył uważnie, spostrzegł we mgle walczących ze sobą złotych i szkarłatnych promieni biały, połyskujący trójkąt zawieszony wysoko nad ziemią.

---

* Ręczny wózek dwukołowy.

** Sandały.

Uśmiechnął się, czując jakieś rozrzewnienie. Poznał ten trójkąt widziany setki razy na obrazkach japońskich, na wazach, filiżankach i spinkach. Był to stożkowaty, w dziwnej i jedynej swej formie szczyt góry Fudżi-jama. Nie widział jej jeszcze, wylądowawszy w Japonii dopiero przedwczoraj. Pokryta śniegiem święta góra była podobna do trójkąta wyciętego z cienkiego białego jedwabiu i zawieszonego w powietrzu, gdyż podnóże góry, porośnięte lasem i trawą, kryło się w świetlanej mgle i tylko szczyt, niby wielki, odwieczny majak, niby godło nieznane, dumnie wznosił się nad ziemią Nippon.

Larsen zatrzymał się, oczy wpił w tajemniczy szczyt, a w duszy jego już budzić się zaczęły poetyckie myśli i obrazy.

Japończycy spostrzegli zapatrzonego cudzoziemca i z sympatią spoglądali na wysoką, barczystą postać Szweda z kosmykiem jasnych włosów, które wymknęły się spod ronda miękkiego kapelusza.

— *Kono okatawa donata desuka?** — zapytał jakiś sędziwy urzędnik siedzącego na stopniach ganeczku sąsiada, młodego kupca.

— *Watakushiwa shirimasen!* — Nie wiem! — odparł sąsiad, podnosząc ramiona.

Te słowa doszły jednak do wnętrza małych, połyskujących czystością i laką domków. Jedna po drugiej z lekkimi jak westchnienia okrzykami wybiegać zaczęły kobiety. Za-

* Co to za pan?

trzymały się barwnymi grupkami, jak pęki kwiatów, przy progu i czarnymi połyskującymi oczkami przyglądały się cudzoziemcowi. Ogarnęły wzrokiem jego szeroką pierś i ramiona, mocne nogi sportowca i spokojną, szlachetną twarz marzyciela.

— *Igirisujin?* — Anglik? — szepnęła jedna z dziewczyn w różowym kimonie w niebieskie kwiaty i z purpurową kamelią w kruczych włosach.

— *Iie!* — Nie! — także szeptem odpowiedziała inna i dlaczegoś westchnęła.

Tymczasem Larsen wyjął z kieszeni małą książeczkę i zapisał:

Niebo przeszyła ostrzem z lodu
Klęskę i urok rodząca
Kolebka bohaterów i piewców rodu
Fudżi lęk i zachwyt budząca.

Widzieć cudzoziemca zapatrzonego w świętą górę i w dodatku coś piszącego — tego było za wiele! Barwnym wiankiem otoczyły Szweda dziewczyny i młode kobiety i, uśmiechając się i szczebiocąc, zaglądały w jego niebieskie, rozmarzone oczy.

Stary urzędnik podniósł się i podszedł do Larsena, z wyrzutem spoglądając na kobiety.

— *Gokigenyou!* — Bądź pozdrowiony! — rzekł, wyciągając do niego rękę.

Larsen uścisnął małą, ciemną dłoń Japończyka i uśmiechnął się.

— Nie umiem mówić po japońsku! — odezwał się po angielsku.

Urzędnik poczty zrozumiał, kiwnął głową i wskazał Szwedowi na tarasik przed swoim domkiem, ruchem ręki zapraszając go. Larsen, wciąż się uśmiechając, poszedł.

Wkrótce siedzieli na podłodze, na miękkich poduszkach i spoglądali na siebie w milczeniu. Wreszcie Japończyk klasnął w dłonie i coś zawołał, zwracając się do wnętrza domku. Po chwili wyszła młoda kobieta z tacką zastawioną imbryczkiem, filiżaneczkami i spodeczkami z łakociami i cukrem. Uklękła przed gościem, złożyła pokłon do ziemi i zaczęła nalewać herbatę, po czym z równie niskim pokłonem odeszła. Gospodarz tymczasem wydobył z szafki mapkę Europy i, coś mówiąc, podał ją Larsenowi. Ten zrozumiał, o co chodziło Japończykowi, dotknął swojej piersi palcem, a później wskazał na Skandynawię.

— *Oo! Suwedenjin!* — O, Szwed! — zawołał urzędnik.

— *Yes!* — odpowiedział ucieszony z pomyślnie rozpoczętej rozmowy Larsen.

— *Yes!* — poważnym głosem powtórzył Japończyk.

Rozmowa się urwała. Pili herbatę i każdy myślał o swoim. Larsen patrzył na perspektywę ulicy. Różnokolorowe szyldy, barwne tkaniny, owoce, ryby leżały na czystych tatami — matach bambusowych lub ze słomy ryżowej — i cieszyły oko piękną harmonią odcieni; kwiaty wychylały się z terasów, z okien, nad dachami wznosiły swe korony drzewa kwitnące.

Chodnikami sunęły z suchym szczękiem *geta* powiewne postacie w kimonach. Larsenowi wydało się, że jest w Atenach, że widzi tłum w greckich chitonach i sandałach, i znowu fala rozczulenia wezbrała mu w sercu. Koniec ulicy znikał za garbem wzgórza, a wyżej nad nim, odcinając się od gasnącego już nieba ciemną granatową linią, zamarł w potędze nieprzebranej ocean. Ciszę zamącał tylko szmer *geta*, lecz i on wreszcie ustał, gdyż ludzie po mozolnym dniu udali się do łazienek przed ucztą wieczorną. W gęstwinie magnolii kwitnących odezwały się cykady wieczorne; niebo ściemniało nagle, a na horyzoncie świecił się tylko szkarłatem szczyt Fudżi-jamy; zniknął ocean w zapadającym zmroku, głosy ludzkie stały się cichsze, powolniejsze i głębsze, pełne tajemniczego znaczenia.

Larsen pożegnał gościnnego Japończyka i poszedł dalej.

Przechodził ulicę za ulicą, coraz rzadziej spotykając ludzi, aż wyszedł na szeroką aleję, którą mknęły oświetlone wagony tramwaju, gdzie tłumy zalegały chodniki, ponieważ wszystkie sklepy były jeszcze otwarte. Na prawo i na lewo, tuż za domkami wznosiły się góry połyskujące światełkami, gdyż tam, wśród drzew stały wille i małe domki dzielnicy Sagiyama.

Larsen minął kilka teatrzyków, w których już zapalono lampy, i wreszcie, kierując się linią tramwajową, wyszedł na obszerne pole. Na przeciwległym końcu świeciły małe domki o rozsuniętych ruchomych ścianach. Pole było otoczone ze wszystkich stron wysokimi drzewami, a wśród nich połyskiwały elektrycznymi lampkami tonące w zieloności małe i duże wille. Larsen podszedł do policjanta i, wskazując na przeciwległy koniec pola, zapytał po angielsku, co się tam mieści.

Policjant długo namyślał się, lecz przypomniał sobie potrzebne słowa wykute w szkole dla policji w Tokio.

— Wieś Hommoku... Piękny park... rybacy... stawy z lotosami i złotymi rybami... *Very beautiful!*

Larsen podziękował i poszedł przez pole.

Wkrótce był już w parku. Mrok ogarnął go ze wszystkich stron. Zdawało się, że czarne strugi ciemności wypływały z krzaków i gajów, zalewały bielejące, żwirem i muszlami wysypane ścieżki i podnosiły się szybko coraz wyżej i wyżej. Razem z ciemnością biegły jakieś powiewy ciepłe i wonne, a wśród krzewów i klombów z kwiatami snuły się smugi mgliste, opadające nad stawami otoczonymi wysokimi trzcinami i papirusami.

Larsen zatrzymał się na brzegach stawów, widział olbrzymie liście lotosów i nenufarów, słyszał plusk ryb i cienkie, żałosne kwilenie kulika piaskowca zaczajonego wśród kamieni zwalonych przy brzegu.

Szwed, posuwając się w głąb parku, wyszedł na aleje oświetlone latarniami elektrycznymi, które rzucały blaski na małe świątynie zbudowane na pagórkach, na dziwacznie postrzyżone krzaki i na wspaniałe gazony podobne do barwnych, przepięknych kobierców z krainy bajek. Coraz to więcej spotykał tu ludzi. Szli, rozmawiając cichymi głosami lub dyskretnie śmiejąc się. Przystawali na grzbietach wykrzywionych, garbatych mostków i przyglądali się stawom i potokom. Dzwoniły małe, sztuczne wodospady i dzwoneczki wiszące po rogach kaplic rozrzuconych po całym parku.

Zgrabne, lekkie, przezroczyste budynki herbaciarni, restauracji, sklepów roiły się od ludzi w barwnych lub białych kimonach, dochodziły stamtąd odgłosy rozmów i śmiechu, brzęk porcelany i dalekie huczenie gongu, nawołującego do jakiegoś teatru.

Larsen przeszedł przez park i zatrzymał się przy bramie, zbierając wszystkie wrażenia. Po przyjeździe do Tokio po raz pierwszy zwiedzał samotnie Jokohamę. Już rozumiał, że trafił do kraju odmiennego, pełnego uroku, nieuchwytnych ech prastarych czasów i tradycji, co swoje piętno nałożyły na ludzi i na ich życie. Wrażenie było silne, lecz kojąco i melancholijnie nastrajało Larsena.

Dusza Skandynawa, nawykła do jednostajności gołych skał, ciemnych, prawie czarnych lasów i siwych fal ponurych fiordów, wobec tej wybujałej, mieniącej się barwami, łagodnej, pieszczotliwej natury nie czuła się obca i zabłąkana, gdyż przemawiała do niej nieuchwytna rzewność i pogoda podobna do oblicza Buddy, mędrca, co wszystko zrozumiał i wszystko przebaczył.

Tak myślał Larsen, idąc dalej ulicami rybackiej wioski Hommoku, przedmieścia Jokohamy. Małe domki mieszkańców i nawet drobne sklepiki tonęły tu w gąszczu krzaków i drzew. Ulica, którą posuwał się Larsen, wyprowadziła go na brzeg morza. Wysoka skała wznosiła się samotnie tuż przy wodzie. Na uboczu stała długa lekka galeria z dachem płóciennym i małymi kabinami dla kąpiących się. Kilku Europejczyków wraz ze swymi paniami kąpało się mimo spóźnionej pory. Jakiś pływak, odsadziwszy się daleko od brzegu, coś wykrzykiwał. Głos jego jak ciężka kula toczył się po powierzchni łagodnie szemrzącego morza, a echo odbite od skały powtarzało uderzająco wyraźnie każde słowo, jak gdyby dziwiąc się brzmieniu nieznanych, cudzoziemskich wyrazów.

O jakie trzysta kroków dalej kilka zupełnie nagich Japonek z wesołym śmiechem wbiegało jedna po drugiej na długi, wysoko nad wodą wystający pomost i rzucało się do morza. Wypływały, wbiegały na brzeg i znowu jak lekkie, białe zjawy rusałek podnosiły się nad ziemią, sunąc korowodem...

Było coś żywiołowego i pięknego w tych zabawach wiotkich, nagich ciał majaczących na pomoście i znikających potem w pianie oceanu. Larsenowi wydawało się, że czyjaś niewidzialna ręka ciskała te drobne białe ciała niby ofiary ludzkie, do paszczy potwora, a ten z głuchym szmerem namiętnej rozkoszy żuł je kłami spienionych fal, pożądliwie liżąc piasek nadbrzeżny, czekając na coraz to nowe ofiary. Czymś pogańskim, bałwochwalczym tchnęły zabawy nagich kobiet prawie fosforyzujących na tle nocy.

Larsen stał zapatrzony i zamyślony. Północny barbarzyńca miał w swej krwi dziedziczne wspomnienia takich misteriów nocnych na cześć potęgi morza, więc rozumiał je i stał w niemym zachwycie.

Nie chciał myśleć o tym, że widzi przed sobą ludzi o gorącej krwi, troskach i radościach drobnego, codziennego życia. Stał zapatrzony i myślą uniósł się w te czasy, gdy wychodziły cienie z Walhalli i blade widma z siwej, wściekłej otchłani morza bijącego bałwanami w czarne, martwe skały.

Białe zjawy wybiegły na brzeg i z wesołym śmiechem uganiać się zaczęły, pląsać i śmiać się wesoło. Spostrzegły nieruchomą, czarną postać mężczyzny, krzyknęły, podbiegły i przyglądały się ciekawie, spokojne w swej nagości, połyskujące mokrymi ciałami i rozbawione. Wplotły go w swój korowód, zmusiły biegać, obracać się i gonić. Przyciskały się do niego biodrami i twardymi, zimnymi od wody piersiami, śmiejąc się figlarnie i wskazując na niego palcami. Po chwili pierzchły ze śmiechem i szczebiotem podobnym do głosów jaskółek, zaczęły szybko narzucać na siebie białe, miękkie kimona i przepasywać je szerokimi *obi**.

Larsen oprzytomniał i uśmiechnął się, gdyż spostrzegł, że jest mokry od stóp do głów.

Japońskie dziewczyny, już ubrane, znowu otoczyły go i jedna z nich dość dobrą angielszczyzną, przekornie pochylając główkę uwieńczoną gumowym turbanem skrywającym misterną fryzurę, zawołała:

— *Gentleman* powinien wysuszyć się i ogrzać. Mieszkamy w Hotelu Keyo. Wesoły domek herbaciany!... Mamma-san poczęstuje *gentlemana* cherry brandy, herbatą z Hioge i, jeżeli *gentleman* sobie życzy, Mamma-san każe podać gorące, aromatyczne *sukiaki***, grzaną sake i ryż... Mamma-san dobra, gościnna kobieta... My zagramy na *koto****, zatańczymy i zaśpiewamy pieśni gejszy kamelii... Hotel Keyo, to blisko... Tam świeci się w oknach i palą się lampki na werandzie. W ogródku dużo drzew kameliowych, bzu i azalii... Noc ciemna, duszna i gorąca... My umiemy śpiewać, tańczyć i zabawiać białych, dostojnych i *gentlemanów*!...

* Wzorzysty, szeroki pas.
** Wytworna potrawa japońska z kury.
*** Rodzaj lutni.

Larsen był jeszcze pod wrażeniem przeżytych chwil, nie chciał, aby pierzchły bezpowrotnie, więc nic nie mówiąc, szedł za dziewczętami, słuchał ich dziwnego szczebiotania i śledził zwinne ruchy ich wiotkich postaci.

— Hotel Keyo! — zawołała jedna z Japonek, potrącając go z lekka w wąską bramę z bambusowych tyk oplecionych wijącymi się roślinami. Krętymi, wąskimi schodami Larsen podniósł się na wyższe piętro, co chwila zawadzając szerokimi ramionami o cienkie ściany uginające się pod jego ciężarem. Za każdym razem mówił:

— *Pardon me!* Przepraszam!

Te słowa budziły śmiech idących za nim dziewczyn. Wreszcie weszli do malutkiej salki. Ściana zwrócona na wschód była odsunięta i Larsen przez wierzchołki rozłożystych drzew oleandra i kamelii ujrzał ocean ciemny i potężny w tytanicznej zadumie. Na powierzchni szerokich, spokojnych fal migotały odbicia gwiazd, a trochę dalej sunęło czerwone światełko płynącej łodzi. Zupełnie na horyzoncie widniał połyskujący oświetlonymi iluminatorami duży okręt morski dążący do Ameryki.

Larsen mimo woli zamyślił się i szepnął do siebie:

— Tam, na tym okręcie, ruch, śmiech i gwar. Tam flirtują, obrabiają interesy, tańczą i grają w brydża. Tam jest wszystko, do czego musiało przyzwyczaić mnie cywilizowane życie Europy, a tymczasem...

Uśmiechnął się i dokończył:

— Czuję się znacznie lepiej i spokojniej tu, w nieznanym mi hoteliku, wśród zabawnych rusałek, które porwały mnie z brzegu morza i ukryły tu...

Nagła fala jakiegoś dziecinnego szczęścia, jakiejś żywiołowej radości wezbrała mu w sercu, odwrócił się od morza i pierwszy raz spojrzał w oczy japońskich *musume**. Stały zdziwione trochę, lecz rozumiały, że w duszy tego nieznajomego białego *gentlemana* musiało się coś dziać, więc cierpliwie wyczekiwały. Larsen zdjął kapelusz i długie, miękkie włosy bezładnymi kosmykami opadły mu na czoło i oczy. Odgarnął je szybkim ruchem i zaśmiał się wesoło. Jak ptaki świergotać zaczęły w różnych językach dziewczęta, uwijać się dokoła gościa, przysuwać krzesła do stołu, wachlować Larsena i ścierać mu pot z czoła.

Olaf Larsen wychowany w skromnej rodzinie urzędniczej, nieprzyzwyczajony do towarzystwa kobiet zmieszał się na razie i zarumienił. Dziewczęta od razu to dojrzały, zamieniły między sobą kilka wykrzykników, z podziwem i sympatią przyglądając się gościowi. Szwed też przyglądał się swoim nowym znajomym. Było ich siedem. Wszystkie młode, gdyż najstarsza nie mogła mieć więcej nad szesnaście lat, w białych kimonach i barwnych gumowych czapeczkach wydały się Larsenowi świeże i wesołe. Wśród nich były przystojne, były też brzydkie, lecz wszystkie miały olśniewająco białoróżową cerę, szkarłatne usta, białe zęby i jarzące się, czarne, trochę skośne oczy przykryte ciężkimi powiekami o długich rzęsach. Stały spokojnie przed siedzącym gościem, rozumiejąc, że ogląda je, potem cofnęły się w głąb sali. Weszła mała, przystojna, choć już niemłoda, Japonka

* Dziewczyna, panna.

o bardzo ruchliwej twarzy, w jedwabnym, ciemnogranatowym kimonie przepasanym *obi* ceglastego koloru.

Nisko przysiadłszy, ukłoniła się Larsenowi i z udanym gniewem, choć śmiejące się oczy zdradzały wesołość, zgromiła dziewczęta.

— *Haji!* — Wstyd! — zawołała.

Dziewczyny ze śmiechem rozpierzchły się niby spłoszone stadko wróbli. Larsen usłyszał tupot miękkich sandałów na stopniach schodów i okrzyki uciekających: „Mamma-san! Mamma-san!".

Tymczasem Mamma-san zagaiła rozmowę. Mówiła dość biegle po angielsku. Larsen mógł się z nią porozumieć. Dowiedział się, że Mamma-san kazała dziewczynom przebrać się, zdjąć czepki i pokazać się gościowi w eleganckich strojach, bo co może *gentleman* pomyśleć o jej herbacianym domku?!

Larsen poprosił o porcję *sukiaki,* a potem o herbatę i cherry brandy dla swoich nowych znajomych.

Mamma-san wyszła zadowolona.

Larsen pozostał sam. Przeszedł się po sali, obejrzał ją i wzruszył ramionami. Na ścianach co prawda wisiały japońskie obrazki, długie, szerokie wstęgi z hieroglifami, lecz tuż obok stało rozklekotane pianino, a na nim gramofon. W kącie, na niskim stoliku mieściła się ofiarna kadzielnica, a nad nią, na półeczce w kącie złocony posążek bogini Kwan-Non. Mieszanina Wschodu i Zachodu nie podobała się Skandynawowi.

Wyszedł na terasę wychodzącą na morze. Usłyszał plusk fal wbiegających na mokry piasek wybrzeża, daleką monotonną piosenkę rybaka, brzęczenie i dzwonienie cykad... i nagle w ciemnym kącie jakiś dziwny szmer. Szybko spojrzał na prawo i spostrzegł w ciemnym kącie terasy skuloną postać niewieścią, zobaczył różowe kimono, haftowane dużymi niebieskimi chryzantemami, złocisty pas *obi*, srebrne szpilki w dużej kruczej fryzurze. Kobieta siedziała z głową opuszczoną na piersi i zasłaniała twarz szerokim rękawem kimona. Plecy jej i ramiona wstrząsały łkania tak ciche, że Larsen nie mógł nic dosłyszeć. Kobieta nie spostrzegła przyglądającego się jej mężczyzny.

Larsen nie wiedział, co robić. Postanowił cofnąć się. Lecz skrzypnęły deski terasy i kobieta podniosła zapłakane oczy. Wtedy ujrzał śliczną, delikatną twarzyczkę o smutnych czarnych oczach i pięknie rozchylonych ustach. Patrzyła ze strachem i zdziwieniem. Szybko otarła chusteczką oczy i wstała. Była to dość wysoka dziewczyna, a pod miękkimi fałdami szerokiego kimona wyczuwało się silne, młode, wiotkie ciało. Jednak około ust pięknej *musume* zarysowały się głębokie zmarszczki bólu.

— Przepraszam, *san*! — szepnął Larsen.

Westchnęła i weszła na salę. Przy świetle lampy jeszcze bardziej występowała niezwykła dla Japonki uroda, wysoki wzrost i melancholijna twarz. Uśmiechnęła się smutno i, wyciągając rękę, rzekła po angielsku:

— Nazywam się Mali! Mali-san... Proszę siadać.

Dystyngowanym ruchem wskazała mu krzesło i usiadła.

Tymczasem wypłynął księżyc. Morze stało się srebrne, połyskujące niby rybią łuską, a w płynnym srebrze utonęły bez śladu odbicia gwiazd i światełka na łodziach rybackich, tylko parowiec świecił żółtymi otworami iluminatorów, oddalając się coraz bardziej. Na tle zielonego nieba czarnymi wydawały się korony drzew i zarysy budynków.

— Zgaszę na chwilę światło — cichym, melodyjnym głosem rzekła Mali-san, widząc zapatrzoną na morze twarz Larsena. W odpowiedzi skinął tylko głową. Lampy zostały zgaszone. Blada twarz z szeroko rozwartymi, rozmarzonymi a tęsknymi oczami, patrzącymi gdzieś wewnątrz duszy tej smutnej dziewczyny, dziwne uczyniła wrażenie na Olafie.

Obejrzał się. W miękkim świetle księżyca wszystkie przedmioty nabrały innych, niewyraźnych kształtów. Już nie raziły wzroku ani zniszczone pianino, ani gramofon i taki obcy dla tej malutkiej przezroczystej salki ciężki, niezgrabny stół. Cicho drgające promienie księżyca wypełniły wszystkie zakątki i złagodziły je, upiększyły. Księżyc płynął podobny do pięknego, srebrzystego łabędzia prującego przestworza dumną i połyskującą piersią. W duszy Szweda wrażenia składać się zaczęły w korowód rymów. Przeniósł wzrok na dziewczynę. Siedziała nieruchoma, zapatrzona i zasłuchana. Z ramion zsunęło się kimono, obnażając piękną szyję i pierś. Larsenowi wydało się, że z barwnego kielicha czarownego kwiatu wychyla się marmurowa postać kobieca, bezwładna od zachwytu, z lękiem oczekująca na chwilę przebudzenia.

— Bajka... bajka! — szepnął Larsen, lecz szept ten usłyszała Mali-san. Spojrzała na siedzącego gościa, szybkim ruchem poprawiła kimono i wstała zmieszana.

— Jak pięknie! — powiedziała ledwie dosłyszalnym głosem, podobnym do westchnienia, oczami wskazując na niebo i morze. Zapaliła lampy i podeszła do wiszącego w kącie lustra. Teraz dopiero Larsen spostrzegł, że ma we włosach płonący jak ogień kwiat kamelii.

W tej chwili wbiegły przebrane we wzorzyste kimona dziewczęta, niosąc ze sobą talerze, kieliszki i butelki. Szybko nakryły stół i rozsiadły się na podłodze uśmiechnięte i uprzejme.

Mamma-san wprowadziła służącą z półmiskiem, na którym jeszcze syczało gorącym, rozpryskującym się masłem soczyste *sukiaki* i stała biała butelka z grzaną wódką ryżową — sake.

Larsen nie wiedział, co robić. Zajadać przysmaki i widzieć śledzące każdy jego ruch oczy dziewcząt, to żenowało go. Zmieszany spojrzał na Mammę-san. Od razu przyszła mu z pomocą i objaśniła, że może zaprosić do stołu jedną z dziewcząt. Larsen ucieszył się i podszedł do Mali-san.

— Bardzo dobrze! — kiwnęła głową właścicielka hotelu. — To kosztuje pięć jenów*.

Larsen zmarszczył czoło. Życie codzienne tchnęło na niego swoją brutalnością. Bajka już gotowa była prysnąć. Mamma-san spostrzegła to i rzekła:

— Powiedziałam, żeby nie było nieporozumienia. Mali-san jest gejszą i dlatego jej towarzystwo przy stole ceni się drożej. Tylko to chciałam powiedzieć.

Odeszła, a za nią jedna po drugiej wyślizgnęły się z pokoju dziewczyny. Larsen pozostał z Mali-san. Jadła z wdzię-

* Pół dolara amerykańskiego.

kiem, piła sake małymi łykami, mile marszcząc foremny nosek, usługiwała gościowi, nakładając mu jedzenie, napełniając trunkiem drobny kieliszek i zabawiając go rozmową o błahych rzeczach. Opowiadała o teatrze, o strojach i o jakimś rosyjskim oficerze, który wczoraj chciał pocałować jedną z dziewczyn, lecz był pijany i przez pomyłkę schwycił i pocałował starą służącą.

— Oficer krzyczał na cały hotel, a staruszka była uszczęśliwiona, wsadziła sobie do fryzury jakiś żółty kwiatek i przez cały dzisiejszy dzień wzdychała.

Zaśmiała się, jak srebrny dzwoneczek, lecz w tym śmiechu Larsen wyczuł wysiłek i przymus.

— Niech Mali-san mnie nie bawi tymi opowiadaniami, bo one nie zajmują jej bynajmniej...

— Dlaczego? — spytała, podnosząc na niego oczy. — Przecież *gentleman* przyszedł tu, aby się zabawić?

— Nie wiem, po co tu przyszedłem — odpowiedział.

— Więc trzeba się bawić! — rzekła poważnym głosem. — Młody *gentleman* powinien się bawić wesoło. Staram się go zabawić... Po kolacji będziemy tańczyć i śpiewać, a teraz wesoła uczta...

Nalała mu kieliszek sake i dotknęła ustami swego, uśmiechając się do Larsena. Szwed zamyślił się i po chwili rzekł:

— Niech Mali-san opowie mi o sobie! Dobrze?

Obojętnie, widocznie z przyzwyczajenia, zaczęła recytować:

— Rodzice oddali mnie do szkoły gejsz w Tokio. Nauczono mnie śpiewać i tańczyć. Później wstąpiłam do przedsiębiorcy, bardzo to bogaty człowiek, ma dwa domy przy ulicy Ginza. Śpiewałam po restauracjach tokijskich, a teraz właściciel podpisał kontrakt z Hotelem Keyo i tu zabawiam gości...

Umilkła, patrząc tajemniczymi oczami na Larsena.

— To wszystko? — spytał. — A serce? A dusza?

— Serce gejszy śpi, a dusza powinna być zawsze wesoła! — odparła z uśmiechem.

— Żadna siła nie zmusi serca spać, gdy słońce wschodzi... — szepnął młodzieniec.

— Moje słońce już zaszło... — odparła nagle ponurym głosem i na rzęsach zawisły łzy.

— To się zdarza... — ciągnął dalej Larsen. — Lecz wschód był... zapewne był...

— Trwał chwilę jedną i tym smutniejszy mi się wydaje wieczór — z westchnieniem odpowiedziała gejsza. — Ale to niewesoła rozmowa...

— Być może... — odparł i umilkł.

— *Gentlemani* lubią zwykle pytać nas o to — powiedziała zimnym tonem. — Dowiedzą się i zapomną za chwilę...

Larsen zarumienił się.

„Ma rację! — pomyślał. — Za pięć jenów każdy ma, prawdopodobnie, prawo zadawać takie pytania i zaglądać do duszy tej smutnej gejszy".

Czuł się zawstydzony i był na siebie zły.

Lecz Mali-san wstała i podeszła do niego. Położyła mu małą, wypieszczoną dłoń na ramieniu i, pochylając się do ucha, szepnęła:

— Widziałam, jak pan patrzył na morze i księżyc. *Gentleman* jest niepodobny do tych innych, którzy upijają się tu, śpiewają tak głośno i brzydko i starają się objąć nas i pocałować. Ja wiem, ja wiem, że *gentleman* jest inny!

Larsen zajrzał dziewczynie w oczy. Pozostawały tajemnicze, a myśl i uczucia krył połysk nadany przez naturę oczom wyłącznie azjatyckiej kobiety.

— Mali-san mówiła to samo wczoraj komu innemu? — zapytał.

— *Gentleman* pytał o moją duszę, a gdy dusza moja przemówiła, *gentleman* nie zrozumiał tego...

Larsen chciał na to odpowiedzieć, lecz weszła Mamma-san, a za nią wszystkie dziewczęta. Podano herbatę i nieodzowne we wszystkich domkach herbacianych cherry brandy. Dziewczęta piły herbatę z małych filiżanek i maczały usta w kieliszkach napełnionych wiśniowym płynem.

Rozległy się śmiechy i żarty. Wkrótce na salę weszło kilku Europejczyków i dwóch japońskich kupców. Rozsunięto jedną ze ścian i oczom Larsena ukazała się druga sala, trochę większa od tej, w której się znajdował. Nowi goście zajmowali stoliki i zamawiali coś do jedzenia i picia; część dziewczyn na znak właścicielki przeniosła się tam.

— Czy to też gejsze? — spytał swojej towarzyszki Larsen.

— Nie! — odparła, wzgardliwie podnosząc ramiona. — To *jorou*.

— *Jorou?* — powtórzył Larsen.

— Tak! Takie same nieszczęśliwe niewolnice, jakie zamieszkują Yoshiwarę w Tokio lub tu, w Jokohamie. Może trochę szczęśliwsze, gdyż mogą zmieniać miejsce pobytu i nie są niewolnicami dłużej niż na termin kontraktu. Zresztą są tak samo pogardzane przez wszystkich... Do takiej sprzedajnej kobiety nikt się nie zbliży na ulicy i nikt publicznie nie zechce z nią rozmawiać...

Larsen dopiero wtedy zrozumiał, do jakiego hotelu trafił, lecz jakiś głos wewnętrzny kazał mu tu pozostać.

Kilka starszych Japonek wniosło tymczasem coś w rodzaju estrady, pokryły ją czystymi tatami i wyszły. Po chwili powróciły z *koto* i *shamisenami** w rękach i uklękły. Wkrótce zaczęły grać. Tęskne, jednostajne motywy, przypominające wycie lub świst wiatru, przechodziły w skoczne, dzikie dźwięki.

Dwie *jorou* w długich kimonach i w pstrych czepkach zaczęły coś śpiewać piszczącymi głosami, ilustrując piosenkę ruchami rąk i wachlarzy, przyklękały, siadały i znowu wstawały. Wreszcie skończyły i, upadłszy na kolana, złożyły przed obecnymi pokłon do ziemi.

— Mali-san! — krzyknął jakiś gruby, o czerwonej, pijackiej twarzy Francuz.

— Mali-san! — powtórzyło całe towarzystwo.

Larsen obejrzał się, lecz gejsza już odeszła. Zjawiła się po chwili na estradzie w ciemnych szatach zazdrośnie skrywających ręce i szyję.

Przy dźwiękach nisko nastrojonego *shamisenu* zaczęła melodeklamację. Była to opowieść wdowy tęskniącej po mężu bohaterze poległym na wojnie. Zbolała twarz,

---

* Rodzaj cytry.

drgające usta i pełne łez oczy gejszy świadczyły o wielkim talencie deklamatorki. Dawano jej ogłuszające brawa. Powtórzyła swoją muzyczną opowieść, a później zatańczyła heroiczny taniec gejszy pieśniarki bojowej. Gdy schodziła z estrady, czerwony Francuz zerwał się z krzesła i chciał schwycić ją wpół. Wymknęła mu się wężowym ruchem i, odszedłszy parę kroków, zawołała dumnie i groźnie:

— Nie jestem przyzwyczajona do takich obyczajów. Jam gejsza! Jeżeli to się raz jeszcze powtórzy, nie będę więcej śpiewała i tańczyła...

Pijany marynarz sunął jednak do niej, trochę zataczając się na nogach i rozstawiając ręce. Mali-san jednym skokiem była przy Larsenie. Szwedowi pociemniały nagle oczy, wstał i podszedł do Francuza.

— Ta gejsza jest w moim towarzystwie, mój panie! — rzekł dobitnie, wpatrując się w oczy pijaka.

— *Pardon!* — odparł Francuz, zmiarkowawszy, że dalej nie może już napastować gejszy. — Nie wiedziałem...

Powrócił do towarzystwa trochę zmieszany i już bardziej przyzwoity w słowach i ruchach. Przybiegła Mamma-san, zaczerwieniona i oburzona, i tłumaczyła:

— Cudzoziemcy nie umieją obchodzić się z gejszami. Stary zwyczaj wymaga grzeczności względem nich i pewnego szacunku, ponieważ w dawnych czasach gejsze oddały wielkie usługi ojczyźnie, walcząc z wrogami na morzu i lądzie obok samurajów*. Cudzoziemcy po dłuższym pobycie

* Rycerz.

w Japonii nigdy już sobie nie pozwalają na niegrzeczne żarty względem gejszy.

Larsen spojrzał na Mali-san. Siedziała ze spuszczonymi oczami i ciężko oddychała.

Gdy wzburzona właścicielka hotelu odeszła, gejsza uśmiechnęła się boleśnie i szepnęła:

— Ten obcokrajowiec zna nasze obyczaje, lecz widzi kwiatek kamelii w moich włosach i dlatego pozwala sobie na napastowanie mnie i na niegrzeczność...

Larsen nie chciał rozpytywać Mali-san o znaczenie kwiatu kamelii, zdawało mu się zresztą, że wszystko rozumie. Gejsza po chwili zaproponowała mu przechadzkę po ogrodzie. Zgodził się natychmiast. Weszli w aleję wśród drzew i usiedli na plecionej kanapce. Z dala dochodziły ich śmiechy i śpiewy pijanego towarzystwa, zabawiającego się w hotelu. Za parkanem z przystrzyżonych akacji niewidzialny muzyk grał na *koto* i coś sobie mruczał pod nosem. Darły się cykady rade z ciepłej nocy księżycowej. Od czasu do czasu pluskała, płaszcząc się na piasku, nadbiegająca fala.

Milczeli oboje zasłuchani i pełni drażniącego oczekiwania. Pierwsza odezwała się dziewczyna:

— Przed rokiem pokochałam cudzoziemca. Był bardzo dobry dla mnie. Wykupił mnie od przedsiębiorcy i obiecał, że zawiezie do swego kraju, aby prosić rodziców o pozwolenie na poślubienie mnie. Dla niego zmieniłam wiarę naszą i modlić się do Chrystusa nauczyłam...

Umilkła, zapatrzona w przeszłość.

— Cóż się stało potem? — spytał, biorąc gejszę za rękę, Larsen.

— Cudzoziemiec odjechał i nigdy już o nim nic nie słyszałam — odparła. — Zwykła historia, często się ona zdarza naszym gejszom. Każda z nas marzy o mężu, rodzinie, własnym domu, a szczególnie o mężu Europejczyku. Japończyk źle się obchodzi z kobietą. My zaś widzimy, że inaczej postępują biali *gentlemani*. Często z tego powodu barwne motyle marzące o słońcu palą swe skrzydła w płomyku świecy... Takim motylem byłam ja...

Westchnęła i po chwili ciągnęła dalej:

— Od tego czasu zmuszona jestem nosić kwiat kamelii jako oznakę wykreślenia mnie z kasty prawdziwych gejsz mających dwie fałdy na ramionach — emblemat niewinności. Jestem już gejszą hotelową. Jeden krok i... stanę się *jorou*...

Wzdrygnęła się cała i głowę spuściła na piersi. Larsen znowu zobaczył skuloną postać z drżącymi od cichych łkań ramionami.

Długo jeszcze rozmawiali ze sobą gejsza i Szwed. Szczyt Fudżi-jamy na nowo płonącej ujrzał ich przechadzających się po brzegu morza i stąpających pomiędzy wodorostami, muszlami i małymi, zwinnymi krabami.

Gdy Larsen odchodził, w klapie tużurka miał czerwoną kamelię, a do przystanku tramwajowego odprowadzała go Mali-san w ciemnym, skromnym kimonie i długo stała, patrząc za oddalającym się wozem.

II

Odtąd Larsen stał się częstym gościem w Hotelu Keyo. Nigdy jednak nie wchodził do jego wnętrza gdyż wstręt ogarniał go na wspomnienie pijanych Europejczyków w małej sali z gramofonem i zniszczonym pianinem, z małymi, wiotkimi *jorou* o niewolniczo uśmiechniętych twarzyczkach, zawsze smutnych oczach i o zbierających się na płacz umalowanych ustach.

Podchodził zwykle do bramy hotelowej, wywoływał Mammę-san, płacił jej dwadzieścia jenów, zabierał ze sobą gejszę i odchodzili razem na cały dzień. Błąkali się po parku lub jechali do Tokio. Tu Mali-san oprowadzała go po mieście. Obiad i kolację jedli w małych restauracyjkach japońskich, gdzie gejsza żądała *koto* i, przygrywając sobie, śpiewała pieśni o dawnych bohaterach, a później treść ich opowiadała mu po angielsku. Najczęściej Mali-san śpiewała lub deklamowała o odważnych, awanturniczych wyprawach japońskich żeglarzy mord i płomień niosących do smętnej Korei lub do wspaniałych, dumnych Chin. Larsen wynajdywał w tych legendach opowiadanych śpiewnym głosem podobieństwo do skandynawskich sag i rozumiał, że zaborczość wytwarza jednakowe typy i charaktery we wszystkich ludach i rasach niezależnie od ich wiary, pochodzenia i potężnych wpływów natury.

Gdy gejsza milkła, Szwed zaczynał cichym głosem snuć opowieść o skandynawskich wikingach, tych odważnych piratach, którzy z tonących we mgle rodzimych fiordów odbywali dalekie pławby. Opowiadał, że w obcych krajach pozostawiali kości swoich rycerzy i swoje dynastie, potężne i bezwzględne, krwią znacząc swe panowanie; rymami mocnymi jak bałwany północnego morza wysławiał wikinga Fingala, który osiadł na wyspie Staffa i opanował Szkocję; powtarzał pieśń bojową boskiego Osjana ślepca i przysięgę Finna zdobywcy. Gdy mówił, widział przed sobą ostre, uwieńczone głowami końskimi, wysokie dzioby długich łodzi Skandynawów; szerokie, skośne żagle; ludzi zakutych w żelazne zbroice i okrągłe hełmy; wstawały przed nim wnętrza domów wikingowych o ścianach z potężnych kloców sosnowych, z wiszącymi na nich, nigdy nierdzewiejącymi mieczami przodków, posiekanymi tarczami i hełmami; słyszał wycie wichru, szum i plusk spienionych fal siwego morza, odgłosy i zgiełk bitwy, krzyki zwycięzców i jęki niewolników; biły mu w oczy blaski od ognisk ofiarnych na cześć groźnego boga Odyna i dochodziły pienia kapłanów w białych szatach z wieńcami z lilii wodnych na rozwianych srebrnych włosach.

Zasłuchana i zapatrzona Mali-san nie odrywała oczu od natchnionej, pałającej zachwytem smagłej twarzy Szweda.

Nieraz dnie całe schodziły im na marzeniach i wspomnieniach, które nosili we krwi odziedziczonej po rycerskich przodkach.

— Skądżeś się wzięła taka? — pytał dziewczyny Larsen.

— Mój dziad w siódmym pokoleniu nosił na lewym ramieniu wytatuowany od kolebki okręt żaglowy — odpowiedziała.

— Co to znaczy?

— To znaczy, że był dajmio, księciem panującym nad całym klanem. Mały to był klan! Skalista wyspa Rishiri na północ od Hokkaido, na morzu, gdzie nawet podczas wiosny suną góry lodowe. Lecz dumny i odważny był ten dajmio. Zagony czynił pod brzegami Azji, zdobycz i jeńców przywoził, a w wojnach Dainippon* był w pierwszych szeregach ze swymi zwinnymi *homaisen***. Przeszły wieki i upadł ród Rishiri, zubożał, w rybaków się zmienił, a później przeszedł nawet do kasty *heiminów*, wieśniaków. Jednak pamiętamy o sławnych dajmio — przodkach z Rishiri i przechowujemy dawną sławę rodu... w opowieściach, pieśniach i tańcach rycerskich... Na więcej nas nie stać!...

Larsen w towarzystwie japońskiej gejszy czuł się lepiej niż w najbardziej wytwornym towarzystwie, gdzie sztukę i natchnienie uważano za rozrywkę, nie za treść życia wybrańców. Przywiązał się do Mali-san, a na tym tle zjawiło się coś więcej. Silny, czysty i śmiały młodzieniec powiedział o tym dziewczynie, obiecał, że wykupi ją od Mammy-san i przedsiębiorcy trzymającego w ręku gejsze kamelie, poślubi ją, po czym całe życie zejdzie im w marzeniach i natchnieniu; czuł, że stanie się wielkim poetą i że ona — mała, skrzętna gejsza *momoirono**** będzie jego muzą. Postanowił pracować jak najwięcej, aby prędzej zarobić potrzebną dla wykupienia Mali-san ilość jenów.

Gejsza, słuchając go, uśmiechała się smutno.

— Nie wierzysz mi, Mali-san? — pytał. — Nie wierzysz...

— Wierzę — odparła, przyciskając jego rękę do swego policzka. — Wierzę, lecz wiem, że życie jest zdradliwe i nie przeczuwamy, co może nam przynieść jutro.

---

* Japonia.

** Żaglowe okręty.

*** Szkarłatna.

— Nic nie zmieni mego postanowienia! — zawołał Larsen, energicznie potrząsając głową.

— Wierzę... — powtórzyła. — Nie mogę nie wierzyć, bo już powiedziałam ci, że jesteś inny, niepodobny do reszty gości Hotelu Keyo. Nie jesteś podobny nawet do tamtego, przez którego stałam się gejszą kamelią! Niczego ode mnie nie żądasz. Jesteś szlachetny i czysty jak śnieg ze szczytu Fudżi. Przy tobie zapomniałam o swojej tęsknocie za tamtym i o rozbitym życiu z jego marzeniem o szczęściu...

Więcej już o tym nigdy nie mówili, czując jednak, jak coraz głębiej przywiązanie i zachwyt wzajemny opanowują ich myśli i serca.

Pięć miesięcy trwała znajomość szwedzkiego poety z japońską gejszą; Larsen wpadał w rozpacz za każdym razem, gdy odprowadzał Mali-san do bramy Hotelu Keyo i słyszał głosy mężczyzn i śmiech małych *jorou*. Zdążył posłać do Sztokholmu i wydać tam pierwszą książeczkę poezji japońskich pod tytułem *Szkarłatny kwiat kamelii*. Książeczka miała powodzenie i pierwsza cegiełka wyzwolenia dziewczyny była założona.

Pewnego dnia, gdy Larsen wybierał się z Tokio jechać do Jokohamy, nadszedł list. Redakcja zawiadamiała go, że, pozostawiając go korespondentem swoim na Japonię, daje mu zlecenie jechać do Kanady, napisać szereg wrażeń z podróży po tym kraju i wybadać szczegółowo kwestię emigracji, za co pewne towarzystwo okrętowe miało mu zapłacić znaczną sumę. Do listu załączono czek bankowy na podróż. Larsen szybko obliczył, że spełniając zlecenie redakcji, będzie mógł wykupić Mali-san. List ten jednak obok radosnej nowiny o szybkim wyzwoleniu dziewczyny zwiastował też smutną wieść o zbliżającej się rozłące.

Wysłał depeszę do redakcji i pojechał do Jokohamy.

Mali-san wysłuchała nowiny ze spuszczonymi oczami, lecz gdy je podniosła, Larsen nic w nich nie dostrzegł. Wschodni połysk zazdrośnie ukrył rozpacz i tęsknotę czające się w głębi czarnych źrenic. Poszli razem do towarzystwa okrętowego, dowiedzieli się o najbliższym statku odchodzącym do Kanady. Larsen zmienił tu przysłany mu czek i nabył bilet.

III

W parę dni potem Mali-san dżenerikszą zajechała na przystań okrętową, trzymając w ręku mały pakuneczek, zawinięty w różową jedwabną chusteczkę.

Okręt już stał gotowy do drogi. Z dwóch potwornych kominów buchał czarny dym, zgrzytały łańcuchy i warczały bloki parowych kranów wciągających na pokład paki z towarami i kufry pasażerów; wszędzie uwijali się majtkowie, agenci okrętowi, stewardzi restauracyjni, sanitariusze w białych fartuchach. Pomostami przerzuconymi z brzegu na pokład płynęła dwoma potokami odjeżdżająca i odprowadzająca publiczność. Czarne krypy węglowe przyczepione do burty okrętu wyładowywały resztki węgla. Długi sznur ludzi schylony pod ciężarem koszów podnosił się schodami do otwartego luku i wysypywał węgiel do wnętrza statku, po czym zbiegał z powrotem niby potworna stonoga.

Wmieszawszy się w tłum, Mali-san weszła na pokład i odszukała kabinę Larsena. Już był rozlokowany zupełnie i czekał na gejszę. Przyszła cicha, trochę bledsza niż zwykle, z oczami przykrytymi długimi rzęsami. Podług zwyczaju złożyła ukłon, podała Larsenowi rękę i na chwilę usiadła na małym taboreciku. Przez chwilę oglądała kabinę, lecz wnet wstała i zaczęła rozwiązywać różowy pakuneczek. Wydobyła talerzyk z kupką pomalowanego na różowo ryżu, wonną świeczką ofiarną, pęk różnobarwnych serpentyn i mały koszyczek czerwonych kwiatów. Zaczęła się krzątać. Koszyczek powiesiła na haku wkręconym do sufitu. Na stoliku postawiła talerzyk z ryżem, do którego wetknęła świeczkę i zapaliła ją. Usiadła z powrotem na taboreciku i wzrokiem śledzić zaczęła smugę wonnego dymu ze świeczki.

Smuga ta zmieniała się w falującą płachtę wiszącą w powietrzu, a falowania jej słabły. Jeszcze chwila i zdawało się, że mały obłok znikł bez śladu, lecz nagle przeleciał jakiś niewidzialny prąd, gwałtownie podniósł szarą płachtę, cisnął ją na dół, porwał, poszarpał na strzępy i rozproszył...

Mali-san ciężko, prawie z jękiem westchnęła.

— Zły omen... — szepnęła, nie patrząc na Larsena.

— Uspokój się! — rzekł, zrozumiawszy jej myśl. — Patrz! Świeczka twoja snuje nowe smugi dymu, już układają się w sieć, staje się ona coraz gęstsza i po chwili nową utworzy płachtę, która będzie, tak jak pierwsza, wisieć i falować w powietrzu...

— Być może — rzekła z westchnieniem — lecz będzie to już coś innego...

Oczy załzawione podniosła na wzruszoną twarz młodzieńca i przyglądała się bacznie, uporczywie, jak gdyby zapamiętać chciała każdy rys.

Larsen nie wiedział, jak ją uspokoić. Ciężkie są, nieuchwytnie drażniące, a pełne zakłopotania ostatnie chwile przed rozłąką. Milczeli...

Nagle uderzono w gong. Dźwięki, trwożne i naglące, drżały w powietrzu, biegły i płoszyły myśl, budząc pośpiech i oczekiwanie zbliżającej się ważnej chwili.

— Koniec... — szepnęła Mali-san. — Sygnał na odejście odprowadzających...

Wstała, wzięła szczyptę ryżu i zawinęła ją do chusteczki; zgasiła świeczkę i, wsunąwszy serpentyny do rękawa kimona, zbliżyła się do Larsena.

— Powracaj prędko i szczęśliwie! — szepnęła, kładąc mu główkę na pierś. — Będę dla ciebie dobrą żoną, jeżeli nie zapomnisz o mnie...

— Mali, Mali-san! — zawołał Larsen i, po raz pierwszy przygarnąwszy do siebie dziewczynę, jął całować jej oczy i usta.

Gong zadzwonił jeszcze raz.

Wyszli na pokład. Gdy już miała wejść na mostek prowadzący na brzeg, zatrzymała się, wzięła Larsena za ręce i zajrzała w oczy. Znikła tajemnicza powłoka błysków i Larsen ujrzał w źrenicach gejszy całą otchłań rozpaczy i bólu.

— *Gokigenyou!* — Bądź zdrów! — szepnęła i wsunęła mu do ręki pęk serpentyn. Drugi ich koniec pozostał w dłoni Mali-san. Zbiegła na przystań, przerzuciła wstęgi serpentyn przez poręcze mostku i stała na brzegu połączona z wysokim, jasnowłosym Szwedem pasmami jaskrawych wstęg.

Gong wydzwonił trzy razy, trzy razy odpowiedziała mu syrena okrętowa; rozległy się gwizdki kapitana i komandorów, zaturkotały koła odstawionych mostków, zawarczała maszyna wyciągająca kotwicę, zagrała orkiestra i statek drgnął.

— *Sayonara*... *Tegami*... Do widzenia... Listy... — doszedł Larsena głos gejszy.

Statek odchodził coraz dalej od brzegu, ale Larsena łączyły z Mali-san ciągnące się barwne serpentyny. Wkrótce jedna po drugiej poczęły się zsuwać do wody... Czerwona, żółta, kręcąc się w powietrzu, upadły. Za nimi niebieska, zielona... i tylko biała rozwija się jeszcze i łączy tych dwoje ludzi, lecz szybko zmniejsza się zwój białej wstążki. Dziewczyna wyjmuje z rękawa nożyce i przecina pasemko, pozostający w jej dłoni koniec rzucając w powietrze. Leci biała wstęga jeszcze przez kilka chwil za odpływającym okrętem.

— To są wspomnienia Mali-san o mnie... — domyślił się Larsen, zdejmując kapelusz i wymachując nim nad głową.

Długo stał na pokładzie, wpatrując się w samotną postać wciąż pozostającą na brzegu. Wiedział, że stoi tam dziewczyna o tęsknych, zapłakanych oczach, ze szkarłatną kamelią w kruczych włosach.

Wkrótce budynki portowe, wybrzeże i stojąca na nim postać zniknęły we mgle oddalenia. Larsen westchnął i odszedł od parapetu.

* * *

Czy Olaf Larsen okazał się inny niż biali *gentlemani*, którzy lubią odwiedzać Hotel Keyo tonący wśród kwitnących drzew i krzaków w Hommoku, małej wiosce za Jokohamą, tuż przy brzegu oceanu?

Czy doczekała się smętna gejsza z rodu zubożałych dajmio swego złotowłosego Skandynawa marzyciela?... Czy zapomniała już o szkarłatnym kwiatku kamelii? Czyżby pozostała wśród gejsz *momoirono*?

Czy też, być może... Olaf Larsen przybył do Japonii z pieniędzmi i najlepszymi zamiarami za późno... wtedy, gdy cała Jokohama zburzona przez podziemne siły legła w gruzach, a malutkie Hommoku zginęło bez śladu zmyte z powierzchni ziemi olbrzymim bałwanem rzuconym przez ocean na wyspę Nippon, wstrząsaną rękami ukrytych w głębi ziemi szatanów?

Hommoku znikło w otchłani morza... Kto wie, czy nie spoczywa na jego dnie ciało pięknej gejszy kamelii, pełnej natchnienia, marzeń i szlachetnej prostoty, ciało Mali-san, ukojonej na zawsze...

CUD BOGINI KWAN-NON

Młody japoński kapitan, Masao Geio, szedł główną ulicą Asakusy i uważnie rozglądał się na wszystkie strony, wypatrując kogoś. Nie zwracał uwagi na tłum rozbawiony i barwny, nie patrzył na pstre szyldy herbaciarni, teatrzyków, cyrków i budy znanej trupy sztukmistrzów „magów", nie widział kinematografów, cukierni, sal dla szermierki i strzelania z łuków. Szedł ponury i zamyślony. Dwie gejsze *miako** spojrzały na smagłą, przystojną twarz kapitana i, gdy przeszedł, oglądać się za nim zaczęły, potrącając się łokciami.

— *Ohe!* — zawołała jedna z dziewczyn. — Przybył do Asakusa-Ku, do dzielnicy wesołości, śmiechu i zabawy, a taki smutny?

— Pewnie w jego sercu rozkwitł kwiat miłości, ale poranek jest jeszcze mglisty i mroźny! — odparła druga, przykrywając oczy małym wachlarzem ze złotego papieru.

---

* Tancerki.

Zaśmiały się obie i poszły dalej, szurgając białymi sandałami.

Istotnie w Asakusie nie było miejsca na nudy lub smutek. Olbrzymia dzielnica wspaniałego Tokio była przeznaczona dla rozrywki i zabawy. Wszystko, czego może dla tego celu zażądać Japończyk, czy to prosty *heimin* — wieśniak, czy też kulturalny potomek samurajów, czy europeizowany w amerykańskim college'u, w angielskim uniwersytecie lub w paryskiej Sorbonie japoński dyplomata i uczony, każdy mógł znaleźć wszystko w barwnej, bawiącej się wesoło Asakusie.

A jednak kapitan Masao Geio był bardzo smutny. Idąc główną ulicą zwariowanej dzielnicy, wśród przybytków zabawy i tysięcy jaskrawych straganów i sklepików, ujrzał wreszcie na schyłku pagórka, za którym ciągnął się obszerny park, świątynię wzniesioną z cyprysowego i hinokowego drzewa. Ciężkie, lecz misternie rzeźbione dachy, powyginane, pokoślawione i pogarbione, pokryte różnokolorową laką i złoceniem panowały nad tym miejscem zabawy, jak panuje samotna skała bazaltowa nad spienionym morzem.

Minął kilka *tori* — portyków drewnianych zbudowanych ze świętego drzewa *hinoki* — i od razu wszystko się zmieniło. Śmiechy, piosenki, odgłosy muzyki, nawoływania kupców i aktorów zapraszających publiczność do swoich szop, szczęk drewnianych *geta* umilkły nagle. Zdawało się, że wszystkie dźwięki kornie padały do stóp pierwszej *tori* i zamierały w modlitwie. Pobożni zdejmowali przy ostatnim portyku obuwie i w miękkich pończochach uszytych z bawełnianej tkaniny z lekkim szmerem szli ku świątyni białymi płytami wypolerowanego kamienia.

Coś pociągnęło młodego oficera do świątyni. Zbliżył się do starego bonzy — kapłana, dał mu kilka senów*, otrzymał płócienne futerały na swoje lakierowane botforty i poszedł dalej.

Wolnym krokiem, oglądając się co chwila poza siebie i wciąż szukając kogoś w tłumie pozostającym za *tori*, wznosił się Masao Geio szerokimi stopniami świątyni. Podwoje były na oścież otwarte i pobożni wchodzili i wychodzili skupieni, lecz rozradowani. Kapitan przecisnął się przez tłum i stanął przed ołtarzem. Długie i szerokie, czarne ze starości cyprysowe koryto oddzielało go od niego. Ludzie wrzucali do koryta monety, którymi już do połowy było zapełnione. Kapitan opuścił swoją ofiarę, zbliżył się do wiszącego gongu i uderzył weń trzy razy. Złożywszy ręce do modlitwy, pochylił się przed ołtarzem i podniósł oczy do góry. Na wzniesieniu, w mroku głębokiej framugi stał posąg bogini Kwan-Non. Masao Geio ujrzał głowę o kilku twarzach, olbrzymie ciało o czterdziestu ramionach i tysiącu rąk.

Kapitan polecił się opiece bóstwa trzymającego w swych rękach wszystkie przejawy życia ludzkiego, wszystkie drogi losów człowieka i zakończył krótką modlitwę słowem:

— *Douzo!* — Błagam!...

Skłonił się raz jeszcze i skierował się ku wyjściu.

W przedsionku był straszliwy tłok. Tłum pobożnych karmił świętego konia bogini. Kapitan kupił w małym straganie paczkę ugotowanego ryżu i zażądał papieru.

---

* Srebrna moneta; 1 jen = 100 senów.

— Jakiego koloru? — spytał sprzedający bonza.

— Różowego... — odparł zmieszany Geio, zdradzając swoją tajemnicę, gdyż każdej prośbie zapisywanej na papierze odpowiadał osobny kolor.

Bonza uśmiechnął się przyjaźnie i podał wąski pasek różowej cieniutkiej bibuły. Kapitan odszedł od straganu i przy małym stoliku napisał:

— Daj, dobra Kwan-Non, miłość uroczej Kenson-san! *Douzo!...*

Zwinął papierek w malutką rurkę i, wcisnąwszy ją pomiędzy ziarnka ryżu, podszedł do konia.

Rozpasiony, połyskujący ciemnym okiem ogier wyciągnął ku kapitanowi głowę z zaplecioną w warkocze grzywą. Oficer zaczął karmić go ryżem z dłoni, śledząc uważnie, czy przełknie papierek z modlitwą.

Masao Geio radośnie westchnął, gdy spostrzegł, że ryż znikł wraz z papierkiem w pysku świętego konia.

Jakiś dziwny spokój ogarnął duszę kapitana. Już nie chmurzył czoła, a oczy miał pełne radosnych błysków. Oddychał głębiej, swobodniej i szedł z wysoko podniesioną głową. Nie przestał się jednak rozglądać i wkrótce ujrzał tę, której szukał.

Była to drobna, zwinna jak jaszczurka, świeża jak wiśnia, *musume*. Miała na sobie skromne, lecz drogie, zdradzające dobry smak i wysokie pochodzenie kimono, przepasane pstrym *obi* zawiązanym z tyłu w misterną kokardę. W ręku trzymała ciemnofioletową parasolkę i wachlarz. Obok niej kroczył wysoki, chudy młodzieniec w okularach i z miną gapia oglądał szyldy teatrów i wystawy sklepów.

Prawie nie rozmawiał ze swoją towarzyszką i chwilami szedł nawet o parę kroków przed nią, jak gdyby był już jej mężem. Wszystko to od razu spostrzegł Masao Geio, poprawił mundur, szablę i czapkę i, przeszedłszy na drugą stronę ulicy, stanął przed *musume*, salutując po wojskowemu.

— O, Kenson-san, pani sama tu, w Asakusa-Ku? — zawołał z udanym zdziwieniem.

— O, nie! Jestem tu z Jurakusho Dori! — rzekła z oburzeniem, wskazując na plecy chudego młodzieńca gapiącego się na olbrzymi szyld z namalowanymi na nim lwami i tygrysami.

Spojrzała na kapitana i dodała niezadowolonym głosem:

— Sama z domu nie wychodzę...

— Wiem o tym i dlatego byłem zdziwiony, ujrzawszy Kenson-san samą — ciągnął kapitan.

— Nie jestem sama, już powiedziałam! — zawołała, nerwowym ruchem otwierając parasolkę.

— Słyszałem... — odparł. — Ale ten... ten... Dori jak pan i władca idzie przed Kenson-san i nie byłby w możności w razie jakiegoś wypadku przyjść jej z pomocą! Dziwi mnie ten młodzieniec!...

— Dlaczego? Bardzo miły i inteligentny... — rzekła, podnosząc ramiona.

— Na jego miejscu oczu nie spuszczałbym z Kenson-san, śledziłbym każde stąpnięcie jej drobnych nóżek, przed każdym powiewem wiatru broniłbym jej! — wybuchnął Masao Geio. — Tak! Tak! A nie szedłbym sobie przed nią! I nie gapiłbym się na głupie szyldy!

Kenson-san zarumieniła się i mimo woli z wyrzutem spojrzała na długą jak tyka postać Jurakusho Dori kołyszącą się w tłumie.

Kapitan spostrzegł to i prowadził atak dalej:

— Gdy ja przyszedłem kiedyś prosić, aby Kenson-san raczyła pójść ze mną do parku Hibia obejrzeć kwitnące wiśnie, odmówiła mi! Jurakusho Dori szczęśliwszy ode mnie! Kenson-san przyszła z nim do Asakusy. On już uważa ją za swoją własność i nie zwraca na uroczą Kenson-san żadnej uwagi. Zupełnie jak mąż w kupieckiej rodzinie, gdzieś na Kiusiu, w głuchej prowincji...

Mówił z oburzeniem, lecz jednocześnie bacznie przyglądał się drobnej twarzyczce dziewczyny. Spłonęła cała rumieńcem, ściągnęła czarne łuki brwi i zachmurzyła czoło.

— Jurakusho Dori z pewnością zostanie moim narzeczonym, gdyż jego i moi rodzice bardzo sobie tego życzą — rzekła, jak gdyby usprawiedliwiając się.

— A najpewniej dlatego, że Kenson-san kocha się w tym bogatym kupcu... a on już uważa się za jej pana! — dorzucił Geio.

— Nie! Nie! — potrząsając główką i tupiąc nóżką, zaprotestowała dziewczyna. Chciała jeszcze coś dodać, lecz w tej chwili obejrzał się Dori i zbliżył się do nich.

Kapitan wymienił swoje nazwisko.

Wysoki Dori skrzywił się i, niby nie rozumiejąc, spytał:

— Kapitan... kapitan... Jak nazwisko?...

— Masao Geio... Doprawdy, stara samurajska rodzina! Żadnego kupca w rodzie...

Jurakusho Dori zmieszał się i wykrztusił swoje nazwisko.

Kapitan podniósł oczy do góry, niby coś sobie przypominając, i wreszcie rzekł:

— Tak, tak... wiem! Skład emaliowanego naczynia... Gdzieś, nie pamiętam tylko gdzie, widziałem szyld Jurakusho Dori...

— To nie nasz szyld! Nasza firma eksportuje jedwab do Europy — zaprzeczył wysoki młodzieniec.

— W każdym razie *akindo*, kupiec, więc nie omyliłem się! — z niewinnym uśmiechem rzekł oficer, zwracając się do Kenson-san. Stała purpurowa od gniewu czy zakłopotania, lecz Masao Geio udał, że nie spostrzegł i, wpadając w przyjacielski ton, jął opowiadać kupcowi o ostatnich wielkich manewrach, bardzo zręcznie napomknął o swoim powodzeniu i o tym, że został wyznaczony do akademii sztabu generalnego, a nominację podpisał sam książę regent Hirohito.

Mówił niedbałym tonem, z lekka pobrzękując ostrogami i zapalając papierosa.

Nie patrząc na Kenson-san, wyraźnie czuł, że ona wzrok swój przenosi z jego twarzy i suchej, szczupłej figury na wysoką, pałąkowatą postać młodego kupca.

Jednak rozumiał, iż powinien pożegnać dziewczynę i jej towarzysza.

— Dokąd zamierzają wstąpić na zabawę Kenson-san i Jurakusho Dori? — zapytał. — Dziś podobno są wyjątkowo interesujące widowiska?

— Pójdziemy do cyrku, gdzie występuje pogromca lwów i niedźwiedzi — odpowiedział Dori. — Musimy już iść! Do widzenia! *Sayonara!*

— *Sayonara!* — rzekł oficer, prostując się i salutując.

„Czekaj no, ty tyko ogrodowa! — myślał kapitan, odprowadzając wzrokiem oddalającą się parę. — Będę i ja w tym cyrku i zobaczę, jak umiesz zabawiać piękne dziewczyny. Brzęk złota nie może kobiecie zastąpić muzyki słów, jedwabniku eksportowy...”.

Wmieszał się w tłum i sunął za oddalającą się Kenson-san i jej przyszłym małżonkiem. Mógłby czuć się bardzo nieszczęśliwy i pożerany przez zazdrość, jednak w sercu jego coś śpiewało i grało, niby powiew bliskiej i głębokiej radości.

Przeczekał, aż dziewczyna i jej towarzysz weszli do cyrku z namalowanymi na szyldzie lwami i tygrysami, kupił sobie bilet i ulokował się o dwa piętra wyżej, wprost nad *musume* i kupcem.

Rozpoczęło się przedstawienie. Na posypanej piaskiem i trocinami arenie błaznowali klowni, zadziwiali swoją siłą i zręcznością akrobaci, biegały piękne konie, jakieś wystrojone kobiety śpiewały skoczne piosenki i tańczyły.

Jurakusho Dori rozparty na parapecie loży wcale nie rozmawiał z dziewczyną, głośno się śmiał, wykrzykiwał coś i zwracał się do Kenson-san tylko wtedy, gdy ona mówiła do niego. Zresztą wachlowała się zapamiętale i jadła cukierki, które wyciągała różowymi paluszkami z malutkiej torebki zwisającej z zielonej, nefrytowej bransoletki.

Po przerwie nastąpił najciekawszy moment z całego przedstawienia. Na arenie zbudowano dużą klatkę z grubych żelaznych prętów. Gdy była ukończona, podwieziono na kółkach z desek sklecone pudło i ustawiono je przed małymi drzwiami prowadzącymi do klatki. Jakiś bardzo szybki w ruchach człowiek wystrojony w ciemnogranatowy, wygalowany mundur podniósł kraty w pudłach i jeden po drugim miękkimi skokami na arenę wbiegły dwa lwy. Zaczęły chodzić po klatce, rozglądając się i ziewając. Do nich wkrótce przyłączyły się dwa niedźwiadki.

Lwy były bardzo stare, już zupełnie pogodzone z losem artystów cyrkowych i niemarzące bynajmniej o bezgranicznych przestworach pustyni afrykańskiej. Niedźwiadki zaś z pewnością już urodziły się na klownów, gdyż bez przerwy śmieszyły publiczność: przewalały się przez głowę, udawały pijanych i wykonywały dużo nadzwyczaj zabawnych ruchów i sztuk, patrząc spode łba malutkimi oczkami wielkich nicponiów. Lwy groźnie ryczały, lecz ochoczo skakały przez obręcze i liny, toczyły przed sobą dużą kulę z gliny i kładły olbrzymie, grzywiaste łby na ramiona pogromcy. Japonki piszczały i garnęły się pod szerokie rękawy kimon swoich ojców i mężów, zasłaniały dłońmi twarze, niektóre nawet płakały, nie mogąc znieść widoku strasznych krwiożerczych drapieżników, z których niezawodnie każdy potrzebował nagłej pomocy wprawnych japońskich dentystów.

Wreszcie numer był skończony. Sędziwe lwy pokazały wszystko, co umiały, a staranne niedźwiadki osłabły nawet od śmieszenia publiczności. Wygalowany pogromca otworzył drzwiczki klatki i długim batem zaczął zaganiać zwierzęta do drewnianych pudeł. Lwy z podwiniętymi ogonami bardzo chętnie opuściły arenę, syte powodzenia i oklasków; jeden z niedźwiadków, fiknąwszy ostatniego koziołka i pomrukując z zadowolenia, wlazł do swego pudła. Nagle...

przy zapędzaniu drugiego niedźwiadka, stał się cud, cud uczyniony przez łaskawą boginię Kwan-Non, która tysiącem rąk kieruje losami śmiertelników.

Masao Geio zrozumiał w tym momencie potęgę bogini, zrozumiał siłę modlitwy i namiętnego *douzo*, którym zakończył swoje błaganie w świątyni.

Niedźwiadek najspokojniej w świecie podchodził do wylotu klatki, gdy nagle dał susa naprzód, przewrócił podciągnięte do drzwiczek pudło i wyrwał się na arenę. Obiegł ją parę razy i stanął na tylne łapy zdziwiony i przerażony. Bo też i było czemu się dziwić! W tłumie publiczności powstał zgiełk i tumult. Ludzie w popłochu biegli ku wyjściu, popychając się wzajemnie i tratując upadających. Krzyki, płacz, nawoływania, nawet wycie przerażonych widzów ogłuszyły niedźwiadka i oszołomiły; miotał się po arenie, szukając schronienia. Nagle ujrzał uczyniony przez uciekających widzów wyłom w barierze i rzucił się w tę stronę, wbiegł do pierwszej loży i tu się zaczaił. Jednak krzyki i zgiełk wypłoszyły go znowu, więc wypadł i schodami zaczął się gramolić do lóż wyższego piętra, gdzie siedziała Kenson-san z młodym kupcem. Jurakusho Dori nie był zbyt odważnym młodzieńcem, więc wziął długie nogi za pas i zmykał, sadząc przez krzesła i ławki ku wyjściu. W loży pozostała blada, wylękniona Kenson-san; nie mogła ruszyć się z miejsca, chociaż widziała czarny kłębek mknący w jej stronę. Ale gdy niedźwiedź był o jakie dziesięć kroków od loży, baczny na wszystko i wierny swej miłości kapitan Masao Geio, brzęcząc szablą, zeskoczył raptownie z wysokiego parapetu wprost do loży przerażonej dziewczyny.

Kenson-san krzyknęła radośnie i przytuliła się do niego całym drżącym ciałem, śmiejąc się i płacząc. Co dziwniejsze, ucieszył się również niedźwiadek, znalazłszy się nareszcie w miejscu, gdzie nie widział ruszających się bezładnie nóg i nie słyszał wrzaskliwego wycia i krzyków ludzkich. Zatrzymał się więc tuż przy wniebowziętym kapitanie i przykucnął przy jego lakierowanych botfortach. Masao Geio z obawą spojrzał sobie pod nogi, coraz mocniej przyciskając wiotką kibić *musume*, lecz spotkał się z błagającymi, wystraszonymi oczami figlarnego niedźwiadka i, pochyliwszy się nieznacznie, podrapał go za uchem, szepnąwszy w duchu:

— *Arigatou, chiisai kuma!* — Dziękuję, mały niedźwiadku!

Objąwszy ramieniem jeszcze drżącą dziewczynę i mocno tuląc ją do siebie, kapitan przez zapasowe drzwi wyprowadził ją na ulicę i wmieszał się w tłum. Ze wzburzonych opowiadań widzów dowiedzieli się o „okropnych" szczegółach wypadku i niezwykłej drapieżności „olbrzymiego czarnego niedźwiedzia".

„Jeżeli tak dalej pójdzie — myślał, śmiejąc się cicho, Masao Geio — będę myślał, że stugłowego smoka drapałem za uchem".

Lecz przebiegły kapitan głośno tego nie powiedział.

Przed domem rodziców Kenson-san, przy cichej ulicy Shimo-Shibuya, zatrzymali się. *Musume* nie odchodziła jednak i milczała. Milczał i kapitan, uważając zakłopotanie dziewczyny za dobry znak.

— Jurakusho Dori, *okubyou na* — tchórz! — zawołała z wybuchem i tupnęła nóżką.

— Niech Kenson-san nie sądzi zbyt surowo tego sympatycznego młodego człowieka! — łagodnym głosem powiedział przyszły oficer sztabu generalnego. — Jurakusho Dori przeląkł się, gdyż istotnie te „olbrzymie czarne niedźwiedzie" są straszliwie krwiożercze...

Znowu umilkł, lecz Kenson-san spojrzała na kapitana i rzekła:

— Nie! Nie! *Okubyou na! Okubyou na!* — umilkła, a później zapytała, rumieniąc się: — Dlaczego kapitan tak rzadko odwiedza nas? Kenson-san już nie będzie tak przekorna...

— A co na to powie Jurakusho Dori? — szepnął, pochylając się ku niej, Masao Geio.

— On już nic nigdy do Kenson-san nie będzie mówił — także szeptem odparła dziewczyna.

— Co powie ojciec, który lubi bogatych eksportowych kupców?

Kenson-san podniosła się na paluszki w białych, miękkich sandałkach, położyła malutką rączkę na wargach kapitana, a później dotknęła nią swoich uśmiechniętych usteczek, czerwonych jak dojrzały owoc granatu.

— Powie to, co ja mu zaśpiewam o kapitanie Masao Geio... — szepnęła i jak spłoszony ptak frunęła do bramy oplecionej glicyniami.

Kapitan pozostał sam. Po chwili podniósł głowę, popatrzył na niebo z pałającymi na nim gwiazdami, ujrzał, że od każdej z nich ciągną się promienne ręce bogini kierującej życiem ludzkim, i szepnął wzruszonym głosem:

— Dobra, miłosierna Kwan-Non!...

NA ŚCIEŻKACH FUDŻI

Srożyła się jesień. Drobny ciepły deszcz szarą drgającą płachtą przysłonił widnokrąg i bezkresny ocean.

W zwojach tumanów tonęły gaiki, małe domki skrzętnych rolników i tkwiące gdzieniegdzie święte *tori* i małe kapliczki.

Z szarego mroku połyskiwały pomarszczoną powierzchnią wody kanały pól ryżowych, drobne wodospady i zalane powodzią kwadraty szmaragdowych łanów, gdzie w pocie czoła pracowały pochylone pod czerwonymi parasolami postacie wieśniaków.

Nad zmokłą ziemią niby kopuła podnosiła się tajemnicza Fudżi-jama.

Jej szczyt spowiły ciemne, okiem nieprzeniknione, zwichrzone, porwane na strzępy chmury.

Tysiącami ścieżek, wydeptanych po zboczach nogami pielgrzymów, pędziły tysiące potoków i strumyków spływających spod turbanu chmur.

Jedna tylko postać ludzka powoli wspinała się ku szczytowi.

Idący człowiek co chwila ślizgał się i obsuwał, gdyż rozmiękła ziemia nie wytrzymała ciężaru i leniwie spełzała na dół. Toczyły się kamienie potrącone drewnianymi sandałami i z warkotem biegły ku podnóżu góry.

Człowiek miał na sobie ciemnoliliowe z herbem na ramieniu, bogate kimono przepasane czarnym szerokim *obi*. Rozwiewające się na wichurze poły ukazywały inne, lżejsze kimona o barwach weselszych.

Obnażona głowa była krótko ostrzyżona, a strumyki deszczu spływały po surowej, zamarłej twarzy o oczach, w których gnieździła się groźba, a może — rozpacz.

Pątnik był zupełnie samotny i, podpierając się wysoką laską bambusową, wytrwale wspinał się ku szczytowi świętej góry ścieżką wijącą się po zboczu stromego spychu.

Nareszcie człowiek znużył się i przystanął. Z jednej strony podnosiła się ściana skalna pełna szczelin i wychylających się z niej zielonych pędów krzaków, z drugiej widniała przepaść, gdzie snuły się chybkie smugi i kłęby mgieł jesiennych, kreśliły się strugi deszczowe, a za nimi majaczyło blade zwierciadło morza. Pątnik wszystko to ogarnął wzrokiem i gorzki uśmiech zmarszczył mu zaciśnięte wargi.

— Tak było przed wiekami i tak wieki przetrwa po mnie! — szepnął, a w tęsknych, surowych oczach zjawiło się postanowienie.

— Niech cieniom twoich dostojnych przodków w szczęśliwości płynie życie zagrobowe! Niech światłość wieczna nigdy nie gaśnie przed ich zachwyconym wzrokiem, panie! — rozległ się nagle głos żebrzącego mnicha ukrywającego się przed ulewą w zagłębieniu skały.

Pielgrzym drgnął, lecz, spostrzegłszy skuloną we wnęce

skały postać, uspokoił się. W milczeniu wyjął z zanadrza kimona sakiewkę i podał ją mnichowi.

— Bardzo źle, szlachetny panie — mruknął mnich — oddajesz wszystko, co masz... Widzę, że myśli twoje odbiegły od ziemi i że ona nie pociąga cię do siebie. Myśli twoje są ponure i radość zgasła w twoim sercu...

— Dawno zgasła... — odparł pielgrzym — a może nigdy jeszcze nie płonęła...

Chciał iść dalej, lecz mnich zatrzymał go.

— Usiądź obok i opowiedz o sobie, dobry *sanbou*! — rzekł łagodnym głosem.

Człowiek o ponurej twarzy siadł na kamieniu i milczał. Mnich też się nie odzywał. Tylko deszcz padał z cichym szmerem na rozmiękłą ziemię i biegnące strugi mętnej wody, tylko paciorki różańca szeleściły w zgrzybiałych palcach starca.

Pątnik podniósł głowę i spoczął na twarzy mnicha twardym, surowym wzrokiem.

— Widzisz ten herb na ramieniu? — spytał.

— Widzę, dostojny panie! — odparł starzec cichym głosem.

— Nie dostojeństwem i zasługami przodków zdobyłem go! — mruknął człowiek o zastygłej twarzy. — Z gminu pochodzę. W młodości ładowałem okręty po portach, byłem prostym karownikiem*, co palcami je ryż nieokraszony i suszone na słońcu ryby...

* Robotnik przewożący ciężary na karze — taczce, wozie.

— Słucham ciebie, panie... — odezwał się mnich, gdy pątnik umilkł nagle.

— Wszystko zdobyłem tymi dłońmi, tą głową i wiernym sercem, co na wojnie nie znało strachu — mówił dalej człowiek w ciemnym kimonie z herbem na ramieniu. — Doszedłem do wielkich zaszczytów, bogactwa i władzy... Inny uważałby się za szczęśliwego i z wdzięcznością spoglądałby w niebo, starcze!

— Tak, dostojny *sanbou*! — szepnął mnich.

— Ja nie czuję się szczęśliwy i nie ma radości w moim sercu i wdzięczności w duszy, starcze! — wybuchnął namiętnym okrzykiem pątnik. — Przeklinam godzinę, gdym wstąpił na ścieżkę doczesnego powodzenia. Oto mam teraz wszystko, a jestem ubogi jak nędzarz najbiedniejszy, bo nie mam już siły i woli do życia. Nic nie cenię, niczego nie pragnę i nie mam celu przed sobą...

— Mów!... — padł szept z wnęki skalnej.

— Chcę umrzeć... Wyszedłem dziś przed świtem, aby po raz ostatni ze szczytu Fudżi rzucić wzrok pożegnalny na leżącą u stóp góry Japonię, która dała mi wszystko i wszystko bez reszty zabrała...

— Dalej... — dobiegł szept mnicha.

— Chciałem ze szczytu świętej góry posłać przekleństwo bóstwu, co na szlak beznadziejny skierowało łódź mego życia!...

Zapadło milczenie. Szumiał deszcz spływający po skałach. Cicho szeleściły paciorki różańca.

Gdzieś z daleka dochodził jęk mewy zbłąkanej, przez wicher porwanej.

— Znaszli przyjaźń, wierność, szlachetność? — zapytał mnich z cichym westchnieniem.

— Sam byłem przyjacielem wiernym dla druhów moich, a życia nie skalałem czynem nieszlachetnym! Nie pociąga mnie to! Nie w tym się kryje treść życia i pociąg do niego! — odparł pątnik surowym głosem.

— Przeżyłeś uniesienia miłości? — pytał dalej starzec.

— Nie! W ciężkiej walce i pracy przemknęło życie... Kobieta nigdy nie wchodziła w grę... — mruknął.

— Może to lepiej dla ciebie, panie, a może... gorzej... — szepnął mnich.

Znowu umilkli.

— Pójdę już... — rzekł pątnik i podniósł się ruchem znużonym śmiertelnie.

— Idź, dostojny panie, a wstąp na sam szczyt Fudżi i spojrzyj stamtąd na północ, południe, wschód i zachód — odpowiedział starzec. — Idź z Bogiem!

Opuścił ciężkie, pomarszczone powieki i pogrążył się w modlitwie.

Pątnik odszedł.

Południe już minęło, gdy doszedł do szczytu Fudżi.

Nie zatrzymał się przy małej kaplicy i schronisku, gdzie mnisi w lecie przyjmowali pobożnych zdrożonych pielgrzymów. Nie ujrzał tu teraz nikogo.

Wspiął się na nagie, popękane, śniegiem przyprószone skały.

Szeroko rozwarł ciemne, ponure oczy i spojrzał na dół.

Na północy oddychał, wznosząc i opuszczając mocarną pierś, ocean, miotający na falach okręty i krypy żaglowe, bijący bałwanami piennymi w wiszary i spychy nadbrzeżne.

Na południu lśniły się blade tafle jezior otoczonych ramami ciemnych gajów, łany bez końca i ciemne plamy siedzib ludzkich.

Na zachodzie i wschodzie biegły w dal połyskujące stalą tory kolejowe, czarne wstęgi szos znikających wśród zabudowań wielkich zgiełkliwych miast.

Zmarszczył pątnik brwi i usta mocniej zacisnął.

Znał to wszystko od lat dawnych i wiedział, że te zbiorowiska ludzkie jak spurt potworny wyssały mu z duszy radość życia.

Syknął z bólu, pogardy i nienawiści.

Chciał zejść ze skały, gdy nagle się zatrzymał i uważnie spojrzał na małą polankę ukrytą wśród nędznych, targanych wichrem krzaków.

Stała tam dziewczyna.

Była podobna do posągu rozpaczy i cierpienia, do posągu z szarego kamienia, bo z jego barwą łączyła się szara tkanina kimona.

Dziewczyna stała bez ruchu.

Oczy załzawione patrzyły wprost, w mgłę smug deszczowych i w chaos powichrzonych chmur.

Ręce wyciągnęła ku nieznanym zjawom, na ustach miała bolesny, w rozpaczy skamieniały krzyk bezdźwięczny, nieuchwytny jęk ptaka umierającego z sercem zranionym.

Pątnik o twarzy surowej zobaczył zjawy majaczące przed załzawionym wzrokiem dziewczyny, zrozumiał ruch rozpaczliwie wyciągniętych rąk, usłyszał straszny krzyk nieruchomych ust.

Podniósł głowę i zawołał głosem donośnym, aby wycie i świst wichury zwalczyć:

— *Musume! Musume!...*

Szybko zwróciła ku niemu zbolałą twarz, a wahanie i trwoga błysnęły w jej oczach.

— *Musume!* — powtórzył, podchodząc do niej. — Gdy w noc burzliwą dwa zbłąkane spotkają się ptaki, cieszą się oba, chociażby jeden był gołębicą płochliwą, drugi — orłem drapieżnym.

— Tak, *sanbou*... — szepnęła *musume*.

— Jam jest zbłąkany w nocy życia orzeł — rzekł. — A ty?

— Ja jestem tylko gejszą... — odparła. — Gejszą, która doszła do szczytu sławy, zapomniawszy o swym sercu, co zimne i samotne pozostało w pierwsze dni jesieni życia, *sanbou*... Chcę umrzeć, panie, tu, gdzie tak cicho, że śmierć się wydać może snem spokojnym...

Pątnik zamyślił się głęboko.

Musume patrzyła w jego surową twarz, nieruchomą, napiętnowaną twardą ręką życia, na szerokie bary i drobne, lecz silne dłonie zaciskające bambusowy kij pielgrzyma.

Podniósł na dziewczynę oczy, które nagle opromienił błysk łagodny, i szepnął:

— Gołębica i orzeł mogą uniknąć zagłady, gdy razem o życie swoje walczyć spróbują, *musume*, walczyć dla siebie... Czyż nie tak?

— Tak... tak, panie! — odpowiedziała, ręce do piersi przyciskając.

— Spróbujmy... — rzekł, uśmiechając się.

Milczała...

Nagle przez szarą, bezbarwną zasłonę mgieł, obłoków i płacht deszczowych przerwało się słońce.

Nabrał szafiru ocean i skrzyć się zaczął wesoło, rozbłysły szmaragdowe łany i gaje, niebieskie i srebrne pobiegły potoki dokoła, rozigrały się na śnieżnych wydmach Fudżi miliony błyskotliwych, mieniących się ogników, niby diamenty hojną dłonią rozsypane.

— Tak, *sanbou*!... — szepnęła.

Podali sobie ręce i cicho schodzili ze szczytu świętej Fudżi-jamy.

Minęli żebrzącego mnicha, nie spostrzegłszy go. Starzec wygramolił się z głębokiej wnęki skalnej i, wyciągnąwszy się na gołych kamieniach, grzał skostniałe członki, uśmiechał się do słońca i do tych dwojga, co szli ręka w rękę, cicho mówiąc do siebie.

Schodzili ku zielonym dolinom coraz szybszym krokiem, a ruchy ich stawały się pewniejsze i śmielsze.

Mnich przesuwał paciorki różańca i szeptał z uśmiechem radosnym:

— Wejdź, człowiecze, na szczyt Fudżi, obejrzyj widnokrąg i zrozum życie do dna, do reszty, do ostatniego drgnienia jego, do najcichszego echa!...

SERCE ŻÓŁTEGO CZŁOWIEKA

Obrzydliwy, brudny chiński statek zaryczał ochrypłą syreną i rzucił kotwicę w porcie Anpin na wyspie Formoza. Po chwili mały japoński parowiec portowy, sycząc i dymiąc, podpłynął do statku, na pokład weszli urzędnicy i lekarze. Rozpoczęło się przeglądanie paszportów i badanie lekarskie.

Statek płynął do Sajgonu, wiózł chińskich kulisów umierających od skwaru i zaduchu w głębi statku i kilka rodzin europejskich zamierzających przesiąść się na francuski okręt w Sajgonie dla dalszej podróży do Europy. Była to bardzo niezamożna publiczność, przeważnie uciekinierzy z Rosji uchodzący przed Sowietami, kilku niefortunnych poszukiwaczy szczęścia na bruku wspaniałego i zgiełkliwego Szanghaju i kobieta niemowa z chłopcem lat siedmiu, ślicznym jak złotowłosy aniołek, żywym i figlarnym.

Niemowa za pomocą pisma objaśniała towarzyszom podróży, że była służącą w domu bogatej rodziny polskiej we Władywostoku. Podczas rewolucji bolszewickiej całą rodzinę wymordowano, pozostał przy życiu tylko najmłodszy chłopak, którego obecnie wiezie ona do Francji, do krewnych.

Chłopak był ogólnym ulubieńcem na pokładzie. Nawet chińscy majtkowie, ordynarni i ciągle gniewliwi, uśmiechali się na jego widok i dawali mu suche jak kamień pierniki marcepanowe lub czerwone daktyle, brali na kolana i słuchali szczebiotu dziecka, które w dziwny sposób umiało się porozumiewać z Japończykami, Chińczykami, a nawet z czarnymi Malajczykami.

„Ka-zi", jak nazywali Chińczycy małego, złotowłosego Kazia, miał wszędzie wolny wstęp, nie wyłączając kapitańskiego mostka, tego przybytku wielkiej tajemnicy. Tu grał z kapitanem, otyłym, ciągle spoconym Chińczykiem, w domino, bawił się z jego pieskiem chow-chow i raczył się herbatą z angielskimi biszkoptami.

Jadalna sala po zawinięciu statku do portu była nabita publicznością defilującą przed stołem z siedzącymi przy nim japońskimi urzędnikami o surowych twarzach. W innym zaś końcu sali lekarze mierzyli temperaturę pasażerom, oglądali języki i oczy. Czynności te odbywały się w sposób męcząco długi i przykry.

Kapitan, Chińczyk, i jego pomocnicy w sąsiedniej sali deklarowali Japończykom ładunek statku i wypłacali pieniądze za węgiel, który ładowano z kryp, stojących przy burcie parowca.

Nagle z pokładu rozległ się przeraźliwy krzyk, a później głuche głosy tłumu kulisów znoszących węgiel.

Dyżurny oficer wybiegł z sali i przechylił się przez parapet.

Podzwrotnikowe słońce wylewało strugi płomieni, które rozpalały żelazną posadzkę pokładu, wytapiały smołę z lin okrętowych, wsiąkały w wodę i, zdawało się, przepajały ją żarem i znużeniem. Oblewając się potem, z nagimi ciałami czarnymi od węgla kulisi stali ze swymi koszykami i, krzycząc, patrzyli na coś, co pluskało się w wodzie pod wystającym, wypukłym bokiem statku. Oficer zbiegł schodami aż na ostatnią platformę zwisającego trapu. Spojrzał na wodę i krzyknął przeraźliwie. W wodzie, czepiając się rączkami śliskiej blachy poszycia, krzycząc i płacząc, nurzał się mały złotowłosy Kazio. Chwilami pogrążał się z główką, lecz kierowany instynktem życiowym znowu wydostawał się na powierzchnię i kurczowo czepiał się boku statku niby tonąca mucha daremnie szukająca oparcia na gładkiej powierzchni naczynia.

Jednakże chłopak bezwiednie posuwał się coraz bliżej i bliżej do łańcucha podtrzymującego trap. Jeszcze chwila i słabnące już rączki chłopaka dotknęły łańcucha i rozpaczliwym ruchem wpiły się w żelazo.

Oficer aż westchnął z ulgą i krzyknął do dyżurnego majtka, aby wyciągnął chłopaka. Majtek, wołając: „Ka-zi! Ka-zi!", szybko zbiegał ze schodków, ale nagle stanął jak wryty, wzrok przerażony utkwiwszy w wodzie. Jednocześnie zgrzytliwy krzyk kulisów wstrząsnął powietrzem i zmusił pasażerów, urzędników i otyłego kapitana do wybiegnięcia na pokład.

To, co zobaczyli, zgrozą przejęło wszystkie serca, ludzie stali w osłupieniu bezwładni z przerażenia. Tuż przy zwisającym z łańcucha dziecku zakołysała się woda, jakieś długie, czarne ciało mignęło całym pędem, rzuciwszy się z głębiny, błysnęło białym brzuchem i znikło, pozostawiwszy po sobie tylko wirującą wodę i kłęby piany. Po chwili potwór zjawił się znowu, przemknął obok chłopaka, pędem wody omal nie oderwał go od łańcucha, zamajaczywszy na jedno mgnienie oka białą smugą.

— Rekin!... Rekin! — rozległy się przerażone krzyki pasażerów i kulisów. — Ratujcie dziecko! Dziecko ginie!

Tymczasem rekin zjawił się o kilka staj od chłopca. Płynął wolno, wystawiwszy czarny, połyskujący grzbiet z krzywą jak szeroki sierp lub indyjska *kora** płetwą. Już można było dojrzeć potwornie dużą głowę i małe, skośnie osadzone oczy. Był to rekin, tak zwany w tych południowych morzach „pies".

— Zaraz przewróci się... — zawołała jakaś Japonka i twarz zasłoniła rękami.

Drapieżnik rzeczywiście zaczął powoli przewracać się na grzbiet, ukazując potworną paszczę o kilku rzędach ostrych, powyginanych zębów. Już prawie cały biały brzuch rekina był widzialny i zaledwie kilka stóp oddzielało napastnika od jego ofiary, gdy z kołyszącej się niedaleko od okrętu łodzi rybackiej z głośnym pluskiem skoczył do wody człowiek. Rekin w okamgnieniu znikł. Jakiś Japończyk z czołem przepasanym ręcznikiem, jak to czynią rybacy, szybko wyrzucając ręce z wody, płynął ku chłopakowi. W zębach trzymał krótki, cienki nóż do otwierania ostryg i patroszenia krabów.

---

* Krzywy nóż bojowy.

Raptownie dał nura, a na jego miejscu mignęło czarne ciało rekina, zgięło się w pałąk i, rozcinając wodę ogonem, zniknęło. Wypłynęła głowa rybaka, tylko noża już nie było w ustach. Rybak obracał się na miejscu zapatrzony w wodę, a nóż błyszczał mu w prawej ręce. Po chwili rybak znikł pod wodą, którą wzburzył potężnym uderzeniem ogona napadający nań rekin.

Zapomniano prawie o dziecku i nikt nie spostrzegł, kiedy majtek schwycił je za ubranie i wyciągnął na trap. Pasażerowie, kulisi i załoga statku z zapartym oddechem śledzili walkę człowieka z rekinem. Coraz częściej zjawiał się rybak i dawał nurka, usiłując podpłynąć pod potwora. Rekin wywijał mu się i sam napadał. Wreszcie prawie zwarły się dwa walczące ciała. Szeroka rana krwawiła się na boku rekina, lecz nie opuszczał pola walki, stawał się zuchwalszy i nacierał coraz natarczywiej. Rybak jednak był zwinniejszy, wykorzystał niezręczny zwrot przeciwnika i jak wąż wślizgnął się pod jego czarny kadłub. Zakotłowała się woda, pianą i krwią się pokryła wokoło miotającego się rekina. Po chwili zniknął pod wodą, a o kilka kroków od niego wypłynął rybak, spokojnie wyrzucając rękami i trzymając zakrwawiony nóż w zębach. Nie popłynął jednak do swojej łodzi, lecz krążył na polu niedawnej walki i wyczekiwał. Przeszło kilka minut i na powierzchnię zalanego słońcem morza wynurzył się biały, zbroczony krwią brzuch rekina ze zwisającymi z długiej poprzecznej rany wnętrznościami. Jeszcze otwierał straszliwą paszczę i łapał powietrze. Rybak silnym rzutem podpłynął, uderzył swego wroga kilka razy i, oparłszy się o nieruchomego trupa, podniósł rękę i krzyknął triumfującym głosem:

— *Banzai! Banzai!...*

Następnie nożem odciął płetwę i szybko sunąć zaczął ku okrętowi. Wgramolił się na trap i wbiegł na pokład. Tu roztrącił tłum otaczający złotowłosego chłopca, przyjrzał mu się bacznie, spracowaną dłonią pogłaskał go po jasnej główce i podał mu odciętą płetwę, mówiąc z uśmiechem:

— *Kirei na kodomo! Kirei na kodomo!* — Śliczne dziecko!

Spojrzał jeszcze raz w niebieskie oczy chłopaka, zaśmiał się radośnie i jednym susem skoczył z pokładu do morza. Po chwili już był na swej łodzi, wycisnął mokry ręcznik i, uczyniwszy ręką pożegnalny znak, podniósł czerwony, połatany żagiel.

Lekki wietrzyk pochwycił łódź i popędził ją na północ, gdzie czekała na swojego szlachetnego syna Amaterasu, bogini morza.

PRZED OBLICZEM BUDDY

— Kamakura! — oznajmił konduktor, zaglądając do mego przedziału.

Wyszedłem. Ujrzałem mały, czyściutki dworzec, trochę publiczności oczekującej pociągu do Tokio i dwóch *akaba-san*, tragarzy w czerwonych czapkach. Okrągły mały placyk przed dworcem był otoczony lekkimi kioskami z werandami przykrytymi płóciennymi dachami. Tu się sprzedawały pocztówki z widokami Kamakury, japońskie broszurki historyczne o niej, posążki Buddy i różne drobiazgi wyrobu miejscowych majstrów. Od placyku prowadziła szeroka aleja z wysokich kasztanów na zachód i wschód. Z obu stron alei, za wysokimi ogrodzeniami z krzaków azalii, glicynii, bzu i mirtów, wyglądały dachy zeuropeizowanych will i biły w oczy duże szyldy z napisem Kahin Hotel, tylko gdzieniegdzie wychylała się jednopiętrowa, do klatki podobna chałupka japońska, gdzie można studiować życie *heimina** od wschodu słońca do północy.

* Wieśniak.

Malutkie wozy tramwajowe niby zabawki dla dzieci ślizgały się wzdłuż alei, czasem przemykał się samochód lub pochylony nad sterem bicyklista. Przechodniów prawie nie spotykałem.

Długo szedłem tą aleją, aż się skończyły wille. Na lewo ujrzałem ocean. Zdawało mi się, że widzę turkusową posadzkę olbrzymiej świątyni o ścianach ukrytych za zwojami białych mgieł i promiennych zasłon, o kopule z przezroczystego szafirowego szkła. Ani dymu płynącego statku, ani żagla rybackiego nie widziałem na niebieskiej, spokojnej pustyni morza. Krzaki i drzewa zbiegały z wysokiego brzegu ku wodzie i przeglądały się w niej.

Minąłem ostatnie zabudowania, na prawo od drogi rozpoczął się las, bujny, gęsty, pełen ciepłych oparów lgnących do konarów drzew i do gałęzi krzaków.

W miejscach, gdzie słońce przedzierało się przez rozłożyste korony grabów i dębów, strzelały do góry jak wysokie lance jakieś krzaki usiane drobnymi kwiatkami, płonącymi jak rozżarzone węgle. Długie, wiotkie pędy przerzucały się na stojące obok drzewa i pięły się aż ku górze, płonąc na ciemnej korze szkarłatem swego kwiecia. Żółte dzikie irysy kryły się w gęstej trawie, a na odkrytych polankach bielały jak śnieg narcyzy.

Szedłem wąską ścieżką, wijącą się wśród krzaków i trawy, szedłem długo, podnosząc się na zbocza pagórków leśnych lub schodząc na dno wąwozów z szemrzącymi w nich wartkimi strumykami, śpieszącymi w objęcia oceanu.

Czasami spostrzegałem jakieś stare zwaliska zazdrośnie ukryte w gąszczu krzaków i pnących się roślin, resztki mostów zbudowanych niegdyś z olbrzymich ciosanych kamieni lub płyt. Na małej zacienionej polance stała stara kaplica buddyjska porzucona od dawna i, zdawało się, zapomniana. Jednak gdy zajrzałem do wnętrza, ciemnego i wilgotnego, zobaczyłem podnóże posągu mądrego Sakia-Muni w kwiatku lotosu, a przy nim wiązankę żółtych irysów zupełnie świeżych, ze skrzącymi się na nich kroplami rosy.

Na schyłkach pagórków zbiegających ku szerokiej dolinie, gdzie zieleniały szmaragdowe kwadraty pól ryżowych, pozostały ruiny domów, murów obronnych i złożone z kamieni podstawy warownych wież, resztki, zwaliska całych miast lub zamków warownych. Skrzętny rolnik japoński krok po kroku wspinał się już na te pagórki i zakładał na nich pola ryżowe, przeciągał rowki i rury bambusowe z bieżącą wodą źródlaną, stawiał słupy i wieszał na nich kable elektryczne. W innej okolicy nie znalazłem wyraźnych śladów współczesnego człowieka, za to krzyczała namiętnie i głośno przeszłość. Zwalone od dawna pagody, po których pozostały tylko podwaliny z głazów częściowo porozrzucanych, kawały gnijących belek hinokowych i szczątki drewnianych ścian mówiły głosami bez dźwięku o czymś, co zmuszało stojące naokół drzewa w rozpaczy załamywać ręce-gałęzie i wyciągać je błagalnie ku niebu. Tym rozpaczliwym głosom i błaganiom wtórował smętny szmer twardej trawy rosnącej pośród zwalisk niegdyś potężnego zamku *shiro*. Kojącą, pełną wdzięcznych wspomnień nutą odpowiadały dalekie westchnienia oceanu. Widział on wrące tu niegdyś życie, pamiętał wszystkich, którzy tu w dumnej nadziei zamierzali zostawić po sobie wieczne pomniki, a przekazali zwaliska, kamienie i gnijące belki, z każdym rokiem znikające coraz to bardziej w gęstych zaroślach. Więc wzdychał ocean i coś szemrał. Może opowiadał o sławnych Nobunadze, Hideyoshim i Ieyasie, o pierwszym mikadzie Jimmu-tennie, potomku boskiej pary Suzana i Amaterasu? Może przypomniał sobie wspaniałego szoguna* Yoritomo, co to złoty wiek ustalił w kraju Wschodzącego Słońca? Może ostrzegał przed kroczącą klęską i fale swoje ciskał na skały Yenoshimy przegradzającej mu drogę do odwiecznego wroga — dumnej Fudżi-jamy panującej nad górami i dolinami cichej, smętnej, umierającej od starości Kamakury.

Cały dzień spędziłem wśród mogił, gdzie leżały szczątki wielkich myśli i śmiałych czynów, a gdy słońce zapadać zaczęło za Fudżi-jamę, z sercem przepełnionym cichym smutkiem i zrozumieniem znaczenia twórczej siły śmierci wyszedłem znowu na drogę. Jakiś stary żebrak z wielkim czarnym hieroglifem na białej szacie, oznaką odbytej pielgrzymki na szczyt świętej góry, wyciągnął do mnie czarną, pomarszczoną dłoń, a otrzymawszy jałmużnę, kiwnął głową i zapytał:

— Może zechcesz, synu, spojrzeć w oblicze Daibutsu?

Skinąłem twierdząco i długo szedłem za żebrakiem, widząc przed sobą jego zgarbione plecy i trzęsącą się głowę.

Nareszcie wskazał mi na gaj ciemnych drzew, szepnął: „Tu...", i odszedł.

* Namiestnik cesarza.

Przeszedłem po dużych płytach jasnego piaskowca do małej bramki, wrzuciłem do skarbony kilka senów, usłyszałem sakramentalne *arigatou** białego bonzy i wstąpiłem pod cień drzew, gdzie już zapadał zmrok. Za drzewami znalazłem niewielką polanę, a na niej tego, do którego dążą myśli buddystów całej Azji, a także Europejczyków znużonych bezładnym i okrutnym pościgiem za zjawą szczęścia na ziemi.

Na wzniesieniu, otoczony kadzielnicami, wazami z kwiatami ofiarnymi siedział w lotosie olbrzym z brązu. To był on — Sakia-Muni, mędrzec z Gangesu, boski Budda Gotama. Misterne fałdy szat objęły zamarłe w odwiecznym spokoju ciało, obnażając szeroką, prawie niewieścią pierś. Na potężnej, kształtnej szyi wysoko na tle gasnącego nieba wznosiła się głowa Nauczyciela. Spokojna, słodka twarz z opuszczonymi powiekami i uśmiechniętymi łagodnie ustami, które przed stuleciami wypowiedziały najgłębsze słowa przebaczenia, żyła. Wierzchołek głowy okrywały misternie odlane w brązie ślimaki, miłosierne ślimaki, które w skwarny dzień otoczyły swymi zimnymi ciałami czoło Mędrca, aby ochronić go od płomiennych promieni słońca. Te ślimaki, zdawało się, zamarły na zawsze na boskim czole i tym bardziej żywa wydawała się twarz posągu. Nie mogłem odpędzić wrażenia czy przeczucia, że drgną te łagodne usta, podniosą się ciężkie powieki i błysną pogodne, jasne, wszystko rozumiejące oczy.

* Dziękuję.

Usiadłem na kamiennej ławce i patrzyłem w oblicze tego, który gdzieś w dzikich, tajemniczych dolinach Himalajów wyrył na skale wielkie, dumne, pocieszające słowa:

„Możesz, człowieku, wznieść się wyżej od boga nieba — Indry; możesz upaść niżej od robaka, czołgającego się po ziemi bagnistej!".

Gdym przypomniał sobie pełne otuchy słowa mędrca Gotamy z książęcego rodu Sakia, ujrzałem, że wyraźniejszy się stał łagodny uśmiech ust ze starego jak Kamakura brązu.

Tymczasem niewidzialne fale mroku jak fale przypływu morskiego bez szmeru nadbiegały zewsząd, otoczyły mnie, w czarną gazę owinęły rozłożyste magnolie i skryły na chwilę potężną postać Buddy Daibutsu. Lecz on zwalczył ciemność i wynurzył się z niej czarny, jeszcze większy, jeszcze potężniejszy...

Biały bonza zajrzał do mnie zaniepokojony, że nie powracam. Brzęknęły dwie monety w dłoni sługi Buddy, skłonił się uprzejmie i rzekł:

— Tu się nigdy brama nie zamyka... nigdy...

— *Yoroshii!* — Dobrze! — powiedziałem.

Jeszcze raz skłonił się i odszedł.

Przez kilka minut na polance pozostawali niewzruszony niczym Budda, czarne, senne magnolie i Polak o miotającej się duszy. Lecz przyszedł ktoś jeszcze. Był to księżyc. Rzucił garść bladych, niebieskawych promieni, zajrzał i popłynął porwany prądem wiecznego przeznaczenia i ładu.

Rozjaśniła się polanka, pociągnął powiew ciepłej bryzy i ocknęły się znużone, uśpione magnolie, a wtedy dziać się zaczęły dziwne rzeczy.

Cienie ruchome, chybkie i długie, błyski nieuchwytne, łudzące na okamgnienie, wżerające się w brąz posągu przebiły się przez liście drzew broniących Buddę od promieni nocnego żeglarza, księżyca, i ożywiły oblicze Mędrca. Oblicze to zmieniało swój wyraz, jak gdyby wszystkie wrażenia i uczucia ziemi rzeźbiły je. Znikły łagodność i pogoda, przebaczenie i miłosierdzie; gniew i oburzenie, zgroza i surowość piętnowały oblicze boga. Podniosły się powieki ciężkie i błysnęły ogniem wielkiego wzruszenia piękne, głębokie jak otchłań źrenice, umarł i roztopił się w metalu szczęśliwy uśmiech, usta wykrzywił gniew niepohamowany...

Siedziałem skulony, przejęty tą grą cieni i błysków na twarzy posągu Daibutsu, aż wstałem, a oczy od księżyca dłonią przysłoniłem i wpatrywać się jąłem w oblicze Nauczyciela z Gangesu.

Usta Buddy drgnęły i poruszyły się... Nie wiem, czy to wiatr w tej chwili zaszeleścił liśćmi magnolii, czy z ust Daibutsu padły słowa jak szmer nieuchwytny:

— Biada, biada wam, krety ziemne, gady czołgające się! Oczy swe w ziemię utkwiliście, nie odważacie się podnieść ku niebu!...

Umilkł na chwilę, lecz znowu spochmurniał i szeptać zaczął:

— Zaiste powiadam, jeżeli duchem nie będziecie dążyć do potęgi Indry, siłą rąk i pomysłem mózgu niczego nie dokonacie. Powiew wiatru, bałwan morski, struga ognistej lawy, wstrząsający ziemią szatan, wielki a potężny zbrodniarz wyroków karmy bezwiednie dokonujący zburzy pychę waszą, dobytek rąk i mózgu waszego i życie wasze zdmuchnie, jak gasi płomień świeczki ofiarnej dech tajfunu. Biada wam...

— Co czynić, Nauczycielu ludów? — rzuciłem mimo woli ciche pytanie i czekałem na odpowiedź z namiętną nadzieją.

— Ofiarność i czystość... czystość ducha i ciała... — popłynął z falującym od światła księżycowego powiewem i umarł w cieniu czarnych magnolii gorący, pełen rozkazu i siły szept...

Księżyc stanął w zenicie. Wszystko dokoła zbielało i srebrem połyskiwać zaczęło. Przede mną wznosił się srebrny, potężny Budda Daibutsu. Ciężko opadły mu powieki na niewidzialne oczy; uśmiech, umierający przez wieki, rozchylił piękne, niewieście wargi bóstwa; nieruchomo, w niezamąconym spokoju leżały ręce i chłodziły mądre czoło miłosierne ślimaki z brązu.

Budda Daibutsu spoczywał, wielki, niewzruszony...

Przestały śpiewać cykady. Wszystkie szmery ucichły.

Gdzieś zegar wybił północ...

Długo patrzyłem w oblicze Buddy, żegnając go, być może, na zawsze...

WIELKIE SERCE MAŁEJ GEJSZY

I

W Kioto, starej stolicy mikadów, potomków boskiego Jimmu-tenny, panował niezwykły ruch. Kupcy, samuraje, prości żołnierze, bonzowie ze świątyń szinto i kapłani buddyjscy, wieśniacy, kobiety i dzieci tłumnie zalegali wszystkie ulice. Tłumy w skupionym milczeniu przelewały się z jednej ulicy w drugą, z placów i parków zdążały w różne strony. Jeden potok ludzi płynął ku pałacowi władcy, drugi — ku pomnikowi „milionów uszu i nosów".

Samuraje nawet w tak poważnej chwili nie mogli pozostawać obojętnymi wobec piramidy złożonej z kamieni, a noszącej taką dziwną nazwę. Zatrzymywali się więc, oglądali ją ze wszystkich stron i krokami wymierzali obwód zajęty przez nią. Jakiś sędziwy człowiek w ubraniu mnicha, spostrzegłszy kilku samurajów i zwykłych gapiów stojących przed pomnikiem, zbliżył się i rozpoczął drżącym, starczym głosem opowiadać sto razy słyszaną i sto razy nową historię.

— Siedem wieków już minęło, szlachetni samurajowie, gdy wasi odważni przodkowie z kasty roninów* uczynili śmiały najazd na Chousen Chi**. Wyprawa była szczęśliwa! Odważni rycerze w pień wycięli kilka miast nadbrzeżnych, nagromadzili stosy drogocennej zdobyczy i postanowili ogniem i mieczem nawiedzić serce kraju biało ubranych, tchórzliwych ludzi Chousen Chi. Przed tą niebezpieczną wyprawą posłali szogunowi dar, aby ucieszyć jego mężne serce. Krwawy był to dar — skórzane wory pełne nosów i uszu obciętych zabitym wrogom! Nie powrócili z tej wyprawy roninowie, polegli w wąskich i głębokich jarach od strzał podstępnych Koreańczyków. Wtedy, aby uczcić poległych, szogun rozkazał wznieść pomnik na wieczne czasy. Wykopano dół mający 120 stóp obwodu i na 30 stóp głęboki, napełniono go trofeami przysłanymi przez walecznych, a nad dołem wzniesiono ten kopiec z ciosanych kamieni.

Długo jeszcze opowiadał starzec, wychwalając odwagę samurajów, a ci ręce kładli na głownie obydwóch szabel zatkniętych za pas, a stanowiących szlachetny przywilej rycerstwa.

— Niech żyje szogun! — zawołał starzec i wszyscy samuraje podchwycili ten okrzyk, aż zagrzmiało wśród drzew otaczających obelisk.

— Niech żyje szogun... — powtórzył młody, o chudej, ruchliwej twarzy, ciemno ubrany człowiek. — Na Kwan-

* Kasta samurajów, rycerzy.

** Korea.

-Non! Ale cóż nic o mikadzie nie mówicie, samurajowie, a tyś, starcze, też o nim nie wspomniał w swej opowieści?

Zapanowało milczenie. Pierwszy odezwał się stary mnich.

— Mikado, bogom równy i od bogów ród swój wyprowadzający, powinien być wysławiany w modlitwach, nie zaś w przygodnych opowieściach, młodzieńcze!

— U nas inaczej o tym myślą! — podnosząc dumną głowę, rzekł młodzieniec i utkwił oczy w pomarszczonej twarzy mnicha.

— Skąd przybywasz, jeżeli tak mówisz? — pytano go ze wszystkich stron.

— Przybyłem dziś z wyspy Hokkaido — odparł śmiało, a zmienił się cały, stając się do drapieżnego ptaka podobnym.

— Co u was o... tym myślą? — padło z tłumu tchórzliwe pytanie.

Młodzieniec grzmiącym głosem mówić zaczął:

— My, ludzie lasów i zimnego morza, myślimy uczciwie i prosto, jak prosta jest nasza ziemia! Myślimy, że skoro wielki bóg zesłał nam jako władcę potomka swego, powinniśmy stać przy nim wiernie, patrzeć w oblicze jego, jak spoglądają synowie na twarz ojca! Tego zabronili nam szogunowie, ukryli dzieciom ich ojca i rządzą Dainippon tak, jak gdyby na nim przebywali tylko dajmio, książęta, i samuraje, ich rycerze! Zapomniano o mrowiu pracowitych wieśniaków, kupców, rzemieślników i o innych stanach, w poniewierce i ciemnocie trzymają naród i znęcają się nad nim! Potomek bogów nie uczyniłby tego! My tam na północy chcemy widzieć wśród siebie mikada, nie szoguna. Niech żyje mikado!...

Ledwie przebrzmiał ten okrzyk, gdy jakiś samuraj błysnął szablą i rzucił się na młodzieńca. Ten cofnął się o kilka kroków i drwiącym głosem zawołał:

— Odkąd to samuraj napada na bezbronnego? W naszym klanie uważamy to za zhańbienie szabli rycerza!

— Nie wiem, kim jesteś, lecz wydajesz się szlachetnego pochodzenia. Wzywam cię tedy do boju natychmiast, tu!... — krzyczał zmieszany i zły samuraj.

— Dobrze! — uśmiechając się, rzekł młodzieniec. — Niech który z walecznych samurajów zechce pożyczyć mi szabli.

— Biedak! — szepnął ktoś z tłumu. — Nie wie, że będzie się bił z najlepszym szermierzem, Konosuke Abiko! Poleje się krew...

Młodzieniec tymczasem zrzucił ciemne kimono i pozostał w krótkim kaftanie, jaki noszą rybacy i marynarze. Wziął podaną mu szablę, spojrzał na nią pod światło i mruknął:

— Dobra!...

— Szabla dobra, nie wiem tylko, czy w dobre dostała się ręce! — szyderczym głosem powiedział właściciel szabli, już niemłody, poważny samuraj.

— Nie obawiaj się, waleczny Inne, nie uczynię ujmy tej szlachetnej stali! — odparł młodzieniec, stając w pozycji bojowej.

Jego przeciwnik zajrzał mu w groźne, pełne ognia oczy i nagle zmieszał się. Po chwili jednak podniósł szablę ostrzem do góry i rzekł:

— Przedstawiam ci się, szermierzu, jestem Konosuke Abiko! Wymień swoje imię, abym wiedział, kto padnie z mojej ręki.

— Znam ciebie, Abiko, i ciebie, Inne! Widziałem was przed rokiem w Kioto...

— Nie przypominamy sobie! — odezwali się samurajowie.

— Zbyt wielcy jesteście i znakomici, aby pamiętać moje nic nieznaczące oblicze, gdyż nie jestem szogunem. Ale... pora zaczynać pojedynek! Imię moje Kasiwa Tenna.

Rzekłszy to, przyciął. Samuraj odbił, lecz młodzieniec uczynił wężowy ruch swoją szablą i broń przeciwnika wyleciała w powietrze, głęboko zarywszy się ostrzem w piasek. Tenna przyłożył sztych do szyi samuraja i zawołał:

— Na Kwan-Non, na Daibutsu! Mam prawo zarżnąć cię jak wołu, lecz daruję ci życie, Konosuke Abiko, gdyż będę cię wkrótce potrzebował. Pamiętaj prawo samurajów! Człowiek, który oszczędza przeciwnika, ma w nim przyjaciela do grobu. Czyż nie tak mówią samurajowie?

— Znasz nasze prawo i obyczaje — odezwali się samurajowie, potakująco kiwając głowami, a Abiko na znak przysięgi podniósł rękę do czoła, a później przycisnął ją do serca.

— *Arigatou!* — Dziękuję! — zawołał młodzieniec, z godnością skłaniając głowę przed sędziwym Inne i z uprzejmym uśmiechem wyciągając do niego szablę.

Gdy Tenna wymówił pożegnalne *sayonara*, Abiko zbliżył się do niego i zapytał:

— Jesteś jednak szlachcicem, przyjacielu?

Młodzieniec rozpiął kaftan i, obnażając pierś, pokazał na niej jakiś znak.

— To herb dajmio? — szepnął samuraj.

— Nie, ale prawie tak samo dobry! — odparł z uśmiechem Tenna i wmieszał się w tłum.

II

Działo się to w roku 1868, w pamiętnym dla Japonii roku. Mikado Mutsu-Hito, więziony przez podstępnego szoguna i przebywający stale w swoim pałacu podobnym do świątyni, nie opuszczał Kioto. Tu spędzał dnie otoczony kapłanami i strażą padającą przed nim na twarz jak przed bóstwem, lecz jednocześnie strzegącą go jako więźnia. Mutsu-Hito postanowił zerwać z szogunem, obalić go i stanąć u steru swego kraju. Mądry był, chociaż niewiele jeszcze wiosen liczył sobie, mikado. Od swojej żony pochodzącej ze zwykłej *kuge**, z rodu Yohisho-Tadaka, mikado dowiedział się, że dajmio, książę Owasi, został skrzywdzony przez szoguna i pała przeciw niemu zemstą, więc zaczął działać. Cesarzowa Haruka przez swego ojca urządziła spotkanie księcia Owasi z małżonkiem-cesarzem i wtedy zrodził się spisek przeciwko szogunowi. Owasi porozumiał się z innymi obrażonymi przez szoguna lub skrzywdzonymi dajmio: Hizena, Satsumo i Nagato, i spisek szerzyć się zaczął. Dajmio już

---

* Rodzina szlachecka.

zebrali sporo wojska i czekali tylko na rozkaz mikada, aby rozpocząć wojnę z armią szoguna.

Szpiedzy otaczający osobę mikada dowiedzieli się o zamiarach Mutsu-Hito i donieśli szogunowi. Rodzinę cesarzowej schwytano i odwieziono do Kamakury, do więzienia. Wzmocniono straż w pałacu i wystawiono posterunki na wypadek zbliżenia się oddziałów wiernych cesarzowi książąt. Mutsu-Hito zrozumiał, że dostał się do niewoli i że szogun może go pozbawić życia. Postanowił ratować się ucieczką. Najpierw znikła w przebraniu służącej Haruka, a później sam mikado, który przyłączył się w przebraniu do sług prowadzących konie pałacowe na wodopój.

Chodziło teraz o to, ażeby Owasi i inni dajmio rozpoczęli wojnę.

Szogun tymczasem daremnie poszukiwał dzielnego cesarza. Mikado skrył się jak kret pod ziemią, jak ryba w głębi morza, jak obłok w śnieżnych szczelinach Fudżi-jamy.

Trzy dni ukrywał się mikado, na czwarty dzień wyszedł, aby wynaleźć kogoś, kto mógłby zanieść jego rozkaz wiernym dajmio niecierpliwie wyglądającym sygnału z Kioto... Tego właśnie dnia potomek bogów po raz pierwszy spotkał się z ludem swoim i pod przybranym imieniem Kasiwa Tenna miał zajście z samurajem Abiko.

Mutsu-Hito znał rycerza, gdyż widywał go w orszaku szoguna dwa razy do roku przybywającego do pałacu w odwiedziny władcy; wiedział też, że samuraj mieszkał w rycerskiej dzielnicy Kioto. Znaleźć tam Konosuke Abiko mogło z łatwością nawet dziecko, gdyż był to ulubieniec szoguna i dowódca jego straży przybocznej.

Na schyłku tegoż dnia mikado kroczył spokojnie ulicami dzielnicy samurajskiej i tu mu wskazano bardzo malowniczy ogród ze stojącym w głębi dużym i wspaniałym domem Abiko.

— Proszę powiedzieć szlachetnemu samurajowi, że jego *koinaku** czeka na niego na granicy jego posiadłości. Nazywam się Kasiwa Tenna — oznajmił mikado odźwiernemu i zaczął przechadzać się przed bramą.

Po chwili sługa powrócił i z niskimi pokłonami wprowadził go do domu.

Wkrótce wyszedł samuraj i serdecznie powitał Tennę. Mikado, wchodząc, spostrzegł, że na sztalugach dla broni wisiała szabla na znak żałoby przewiązana białą wstęgą. Widział tę szablę dziś przed sobą i uśmiechnął się nieznacznie.

Gdy ceremonia powitalna była zakończona, Tenna zapytał:

— Nie zapomniałeś, synu, swojej przysięgi przyjaźni i wierności.

— Nie! — odpowiedział samuraj. — Ale dlaczego nazywasz mnie synem, przecież jestem starszy od ciebie.

— Jesteś moim synem — ciągnął dalej Tenna — cały lud mój to dzieci moje.

— Tak mówić może tylko boski mikado, ojciec nasz! — zawołał Abiko.

Tenna obnażył lewe ramię i na nim szkarłatem płonąć zaczął wytatuowany i zalany drogą purpurową farbą kwiatek chryzantemy, godło boskiego rodu Jimmu-tenny.

---

* Przyjaciel.

— Mikado! — jęknął samuraj, padając na twarz.

— Wstań! — rozkazał władca. — Jesteś moim przyjacielem, gdyż stal nas połączyła. Nikt, jak ziemia stoi, nie miał w obecności mikada broni przy sobie. Tobie nadaję to prawo, Konosuke, z samurajskiego rodu Abiko!

Wylękniony samuraj nie śmiał się podnieść i spojrzeć w oblicze bóstwa.

Z trudem zmusił go do tego mikado, a później długo rozmawiali ze sobą, jedli ryż, pili herbatę i modły przed ołtarzem przodków zanosili, stojąc ramię przy ramieniu, rycerz-samuraj i bóg-mikado. Późno w nocy władca opuścił dom Abiko, a w godzinę po nim porzucił go także samuraj, mknąc co koń wyskoczy w stronę Hiogo, gdzie stały zbrojne oddziały Owasi i potężnego dajmio Satsumy.

Mikado nie chciał nocą powracać do swego schroniska, gdyż słudzy szoguna czaili się wszędzie i chwytali każdego przechodnia wzbudzającego w nich podejrzenie. Ujrzawszy niewysoki płot, przeskoczył go i znalazł się w niewielkim ogrodzie terasami zbiegającym do wartkiego strumyka. Nikt nie spostrzegł jego wejścia, więc zaczaił się w krzakach rosnących na brzegu strumyka i czekał tu na wschód słońca, ojca ojców mikada Mutsu-Hito. Zaledwie pierwsze blaski słońca pozłociły wierzchołki magnolii i cyprysów i zaczęły szybko wdzierać się do gąszczu liści, rozpędzając nocny mrok i budząc ptaki, owady i ludzi, z małego domku wyszła dziewczyna. Była zupełnie naga i tylko runo kruczych włosów niby płaszcz wspaniały spadało jej na piersi i ramiona. Szła jak widmo utkane ze srebrzystych piór obłoków, które nocują na promiennej Fudżi, lub zrodzone z piany, gdy igra falami oceanu potężna bogini Amaterasu. Słońce złotem płynnym, różem kwitnącej wiśni, mieniącymi się kaskadami połysków muszli perłowej ozdobiło białe, młode ciało wiotkiej, pięknej dziewczyny.

Mutsu-Hito oczu nie mógł oderwać od cudownego zjawiska. Zdawało mu się, że ze świeżości świtu, z barw kwiatów, z woni kwitnących drzew wiśniowych, z radosnej melancholii fioletowo-perłowych glicynii dobra bogini Kwan-Non, opiekunka potężnych i nędznych, utkała tę postać dziewiczą jako symbol nowej, młodej i pięknej krainy Dainippon, włości jego, Mutsu-Hito, spuścizny po przodkach bogach.

— Niech dobra bogini błogosławi dni twoje, miła, wdzięczna *musume*! — szepnął mikado.

Dziewczyna tymczasem stanęła nad wartką wstęgą potoku i, schylając się, małymi rączkami wodę czerpać zaczęła i oblewać wiotkie ciało srebrzącymi się i skrzącymi jak sznury pereł strugami wody źródlanej. Jeszcze piękniejsza, jeszcze bardziej cudowna, nieziemska wydała się ta dziewczyna trzcina, dziewczyna rusałka, dziewczyna radość i słodka obietnica.

Lecz w tej chwili jak zgrzyt wrywający się do kaskady słodkich dźwięków *shamisenu* rozległ się krzyk. Dwóch otyłych bonzów wypadło z krzaków i porwało *musume*. Mikado widział, jak ich brudne dłonie gniotły i szarpały jej srebrzyste ciało, słyszał, jak wargi wyrzucały ohydne, lubieżne słowa. Dziewczyna broniła się zawzięcie, lecz oni wlekli ją dalej i głębiej w krzaki. W kilku susach mikado był przy nich, po chwili bonzowie, jęcząc i złorzecząc, z trudem podnosili się z ziemi, z obawą patrząc na groźną twarz młodzieńca. On nie widział ich jednak. Oczy swoje napawał cudnym zjawiskiem, najpiękniejszym dziełem twórczej siły ziemi i słońca.

— Ktoś ty i dlaczego porwali cię tamci? — spytał szeptem, patrząc w szeroko otwarte ciemne oczy *musume*.

— Jestem gejsza śpiewaczka! — odparła. — Szogun pozbawił nas prawa do szacunku ludzkiego, zrównawszy ze sprzedajnymi *jorou*.

Zapłakała, kryjąc piękną alabastrową twarzyczkę w zaróżowionych od zimnej wody dłoniach.

— Teraz każdy może znieważać i krzywdzić gejszę! — zawołała, zanosząc się od płaczu. — Ludzie zapomnieli, że my, gejsze, umierałyśmy na wojnie, że dodawałyśmy odwagi wojownikom i święcie przechowywałyśmy sztukę i stare obyczaje Dainippon! Za co, za co spotkała nas taka kara?!

Płakała gorzkimi, beznadziejnymi łzami. Po chwili podniosła oczy na twarz stojącego przed nią młodzieńca i szepnęła:

— Przysięgam na imię mikada, że uczciwie noszę dwie fałdy na ramionach kimona! Jestem *musume, musume*! Nie znałam objęć kochanka! Nie odczuwałam jeszcze żaru myśli namiętnych! Przysięgam...

Mutsu-Hito dotknął dłonią jej główki i szepnął:

— Idź, włóż szaty, *geta* i *obi* i przybywaj tu. Będę czekał na ciebie.

Rozkaz i wola były w głosie młodzieńca. Gejsza skłoniła się w milczeniu i znikła jak sarna z Nikko.

Mikado usiadł na kamieniu i czekał.

Długo nie wracała, a gdy wreszcie nadeszła, miała misternie ułożoną fryzurę ozdobioną wielkimi złotymi szpilkami, żółte kimono z wyhaftowanymi fioletowymi i białymi irysami i duży wachlarz w formie liścia lotosu. Opuściła się na kolana przed młodzieńcem i pokłon mu do ziemi złożyła.

— Nie znam imienia twego, *sanbou* — szepnęła dziewczyna. — Czekałeś na mnie, szlachetny panie, gdyż szlachetność widzę w twoich oczach, twarzy, czynach i słowach. Pozwól więc, że wymienię imię swoje. Nazywają mnie Haru*-san...

— Dobrze się nazywasz — uśmiechnął się mikado — bo jesteś jak wiosna!

— *Arigatou!* — Dziękuję! — rumieniąc się, zawołała dziewczyna. — Czekałeś na mnie, szlachetny *sanbou*, więc masz mi coś do powiedzenia? Rozkazuj, spełnię wszystko!

Mikado zamyślił się głęboko. Zmarszczkami pokryło się wysokie, śmiałe czoło, a oczy mgłą się powlekły.

— Słuchaj, Haru-san — rzekł wreszcie, spojrzawszy na zapatrzoną w niego *musume*. — Słuchaj! Mam żonę... Jest piękna jak kwiat lotosu, kochana jak niebo pogodne... Haruka ma na imię.

— Haruka?... — powtórzyła gejsza. — Haruka to imię boskiej cesarzowej, małżonki trzykroć błogosławionego mikada?...

— To żona moja, to kwiat mojego serca! — szepnął mikado. — Jestem Mutsu-Hito, sto dwudziesty czwarty władca z rodu Jimmu-tenny zrodzonego przez bogów.

---

* Wiosna.

Musume upadła twarzą na ziemię i szeptać zaczęła modlitwę wysławiającą przodków mikada.

— Wstań, Haru-san, i słuchaj uważnie, co powie ci władca Dainippon! — rozkazał mikado i dziewczyna, drżąca i radosna zarazem, natychmiast powstała.

— Słuchaj! — mówił Mutsu-Hito. — Piękna, mądra Haruka jest samotna i czas jej płynie w trwodze o mnie.

— Władco, boski mikado! — wyrwały się z głębi serca dziewczyny słowa. — Rozkaż, a pobiegnę i przyniosę jej wieść o tobie, aby serca małżonki twojej nie ściskał nieznośny ból!

Nagle smutnie opuściła główkę i szepnęła:

— Zapomniałam, że śmiertelnych nie wpuszczają do pałacu-świątyni, a tym bardziej ja, gejsza, którą szogun zniżył do pogardzanych *jorou*, czyż dotrę przed oblicze Haruki?! Próżne, niemądre słowa spadły z niegodnych ust moich...

Westchnęła głęboko i ręce w rozpaczy załamała.

— Dotrzesz, mała, miła Haru-san, jeżeli będziesz mądra i przebiegła! — rzekł mikado.

— Naucz, a pocieszę małżonkę twoją, chociażbym miała za to życie swoje oddać! — zawołała gejsza i, pochyliwszy się, czołem dotknęła kolan władcy.

— Dobrze! — szepnął mikado. — Czy znasz złotą świątynię nad stawem z lotosami w zachodniej części ogrodu pałacowego?

— Znam! — zawołała. — Byłam tam po raz pierwszy podczas wiosennych popisów gejsz. Dobry mikado... ty, władco, kazałeś otworzyć swój ogród dla mieszkańców miasta. Później bywałam tam nieraz...

— Na terasie pierwszego piętra spotkasz młodego samuraja. Zawołasz do niego: „Nogi, od Kasiwy przychodzę!”. On cię zaprowadzi do Haruki, dzieweczko wiośniana. Zrozumiałaś?

Mówiąc to, mikado zdjął z palca wąski żelazny pierścień i podał go *musume*.

— Pokażesz to Haruce i pozdrowisz ją ode mnie słowami: „Nigdy nie zajdzie za góry i za morza słońce Tennów”.

— Wszystko zrozumiałam, władco, i uczynię tak, jak kazałeś, i powtórzę to, coś rzekł. Czy mogę odejść już?

— Idź! Będę myślał o tobie, Haru-san, i teraz, i potem, gdy słońce moje znowu zabłyśnie w zenicie... Idź!

Skłoniwszy się raz jeszcze do ziemi, odchodziła gejsza, lecz zatrzymała się na chwilę, uklękła i, dotykając dłonią swego czoła i piersi, rzekła:

— Oby dusza twoja, władco, nie była nieufna do gejszy *miako*. Umrę, a nikt oprócz wielkiej Haruki nie dowie się, ktoś ty i gdzie ty... Bądź pewny!

Wybiegła i zniknęła za ścianą z glicynii i niskich mirtów.

III

Mikado Mutsu-Hito i wierni mu dajmio po krwawych bitwach obalili władzę szoguna. Ten, który się targnął na osobę władcy, ukrył się na północy i przywiódł ze sobą wojska dalekich klanów. Znowu zaczęły się bitwy i ciężkie pochody. Na czele wojsk mikada stał sam Mutsu-Hito płomienny i śmiały, walczył jak zwykły samuraj i namiot z płótna lub ze zwykłych tatami nieraz chronił potomka bogów od wiatru i deszczu.

Przyszedł czas ostatniej, stanowczej bitwy. Zawrzała w okolicy Fuszimy, niedaleko od stolicy, a trwała trzy dni i trzy noce. Padli w bitwie dajmio Satsumo, Owasi i Nagato, obrońcy mikada, ale stokroć więcej zginęło dajmio i samurajów w wojsku szoguna, aż się poddał, na klęczkach błagając władcę o życie i miłosierdzie.

Gdy mikado po zwycięstwie dziękował walczącym dajmio, surowym samurajom i wiernym *heiminom*, wieśniakom, którzy kosami i sierpami walczyli za dynastię i swoje prawo, do Mutsu-Hito podszedł stary samuraj, Rikitaro Okuma, i rzekł:

— Nie tylko nam, mężom o dwóch mieczach i wiernym wieśniakom, należy się wdzięczność twoja, panie nasz, lecz także nieznanej nam *musume*! Przyszła z dźwięcznym *shamisenem* i pieśnią swoją jak dawne gejsze, pieśniarki bojowe, zachęcała wojsko twoje do walki, w bitwach dodawała odwagi, przypominała sławne, stare czyny walecznych przodków i wysławiała imię twoje, władco!

— Niech przyjdzie tu! — rozkazał mikado.

Stary bohater, Rikitaro Okuma, odpowiedział:

— Nie przyjdzie już, władco! W boju *musume* padła jak ścięty cyprys.

— Chcę wiedzieć jej imię, aby potomni o nim pamięć zachowali! — zawołał mikado.

— Gdy umierała — rzekł Okuma — prosiła walczącego obok niej samuraja, aby powiedział ci, wielki mikado, że nazywała się Haru-san, że była gejszą *miako* o dwóch fałdach na rękawach kimona i że w sercu i duszy gejszy nie ma nikczemności *jorou,* lecz odwaga i wierność bojowych gejsz miłujących ojczyznę i jej władców, potomków bogów na ziemi...

— Miała na imię Haru? — zapytał mikado. — *Musume* wiosna, mała, wiotka, bezbronna, skrzywdzona gejsza pełna ofiarności, odwagi i wierności!... Znam ją... Chcę uczynić tak, aby pamiętały o niej pokolenia.

Zamyślił się mikado, lecz po chwili podniósł głowę i rzekł:

— Rozkazuję, aby od dnia dzisiejszego nikt się nie ważył poniżać i pogardzać gejszą mającą dwie fałdy na szatach, a najlepsza, najpiękniejsza i najcnotliwsza z gejsz, wybrana przez sędziów podczas wiosennych popisów, z rąk mikada ma otrzymać w nagrodę szlachetne i zaszczytne imię gejszy *haru*. Tak będzie!...

Znowu się zamyślił Mutsu-Hito, a przed jego oczami jak zjawa nieuchwytna przesunęła się zrodzona z woni kwiatów, z piany morza, z białopiórych obłoków, utkana z promieni wschodzącego słońca, ze zmiennych błysków pereł, wiotka, piękna i niewinna jak rusałka potoków mknących z Fudżi-jamy postać *musume*...

Szepnął mikado:

— Haru-san... Gejsza wiosna... Stara baśń, odrodzona w srebrzystym ciele *musume*!...

JUTRO

„Dlaczego zawsze kryjesz oblicze swoje, tajemnicze jutro? Czyż nigdy go nie odsłonisz, aby ujrzały je zawczasu oczy śmiertelników?

Dlaczego nie wiemy, czy słońce wschodzące po długiej, pełnej nadziei nocy oświeci twe piękne, łagodne oblicze, czy też wyłoni z mroku straszliwą, potworną twarz, wykrzywioną zgrozą? Dlaczego?

O, gdybyśmy wiedzieli to, jutro, ileż chwil bezpowrotnych przeżylibyśmy promiennie i rozkosznie! A może...

A może to miłosierna Kwan-Non narzuciła na twoje oblicze, nieznane jutro, czarną płachtę tajemnicy, aby śmiertelni płonęli w radosnym ogniu nadziei, potęgowali rozkosz pożądania?

Może...

W każdym razie bądź błogosławione, jutro, bo niesiesz ze sobą albo szczęście, albo ulgę w nieszczęściu już dziś przeżytym i znanym, albo śmierć — zapomnienie!" — tak myślała młodziutka *musume*, Tinino Gosari, zbliżając się do Złotej Świątyni.

Weszła na najwyższe piętro i usiadła przy balustradzie zwisającej nad dużym, głębokim stawem. Spojrzawszy przed siebie, poprzez wierzchołki drzew ujrzała całą Jokohamę: morze domków bambusowych, masywy murowanych gmachów europejskich, wieże kościołów chrześcijańskich i fantastyczne dachy świątyń szinto trochę na lewo, jak olbrzymia niebieska kropla leżało przepojone promieniami słońca morze. Cichy, a groźny i potężny szmer dolatywał od morza, bo to był nigdy, ani w dzień, ani w nocy niemilknący głos oceanu. Nie ruszały się liście na drzewach, nie latały ptaki, nie szumiał najlżejszy powiew wiatru, żaden odgłos życia nie dochodził do krużganków Złotej Świątyni porzuconej przez niewidzialnych bogów i przez bogów z brązu, kości słoniowej lub tajemniczego, trwałego jak nefryt *hinoki*. Coś się zaczaiło w powietrzu, pod białymi obłokami i w parnym cieniu drzew. Cisza przerażała i budziła złe wróżby, przeczucia i niewysłowioną, ledwie odczuwaną tęsknotę.

Żeby zrzucić z siebie ciężar przeczucia zbliżającego się nieszczęścia, *musume* zaczęła przyglądać się wodzie. Jakąś żywiołową miłością kochała ten staw. Tyle wspomnień łączyło ją z nim. Tu, na brzegach zarośniętych irysami i szmaragdowozielonymi bananami bawiła się, gdy była małym dzieckiem, później z książką przechadzała się ścieżkami otoczonymi malowniczymi zwałami skał pokrytych dziwacznymi kaktusami i karłowatymi cedrami; gdy była podlotkiem, tu, przy tym stawie, spotkała po raz pierwszy pięknego, porywającego Genzo Adashi, słuchała jego barwnych opowieści o dalekich krajach Europy i Ameryki; tu poznała miłość, ten piękny, gorący kwiat serca...

Przed paru miesiącami tu żegnała Genzo Adashi, który odpłynął na swoim statku gdzieś naokoło Afryki do Europy. Dziś otrzymała od niego depeszę:

„Jutro czekaj na mnie w Złotej Świątyni!”...

Cały dzień i całą noc czekała tego jutra! Godziny ciągnęły się niby stulecia, sen odbiegał od powiek, myśl była pochłonięta tylko „jutrem”.

Widziała ogorzałą na ciemny brąz, suchą twarz marynarza, jego bystre, nawykłe do patrzenia w dal oczy i białe, połyskujące w zawsze wesołym uśmiechu zęby. Słyszała muzykę jego głosu, głębokiego, pełnego rzewności i zdrowej, figlarnej zaczepności. Czuła mocny uścisk jego silnej, drobnej dłoni... a jutro wciąż nie przychodziło! Nareszcie przyszło i oto siedzi *musume* na terasie, na „ich” miejscu, gdzie spędzili tyle miłych, szczęśliwych, niezapomnianych chwil upojenia i promiennej wiary w piękną przyszłość.

Opuściła oczy na powierzchnię stawu. Zdawało się, że nic się tu nie zmieniło. Tak samo pływały, niby z zielonej polerowanej laki wycięte liście nenufarów i bielały ich zimne, woskowe kwiaty o złotych sercach, wysoko podnosiły się na długich mocnych łodygach święte, ukochane przez Buddę Gotamę lotosy uwieńczone białymi, żółtymi i różowymi kwiatami, kobierce malachitowej rzęsy wodnej lśniły się na słońcu. Wszystko było po staremu, a jednak...

Musume drgnęła, gdyż zimne, trwożne przeczucie ścisnęło jej serce.

Zdziwiło ją, że nie widziała dotąd żadnej złotej rybki... Zwykle pływały tu całymi stadami, uwijając się wszędzie, goniąc się wzajemnie lub zbierając pożywienie z liści nenufarów i z pędów lotosów. Teraz pochowały się wszystkie i piękny staw wydał się jej martwy, osierocony... Tinino położyła główkę na dłonie wypieszczonych rąk i zamyśliła się głęboko.

Obudził ją głuchy huk, który wstrząsnął świątynią i zmusił drzewa kołysać się i zginać pod uderzeniami niewidzialnego wichru. Zaszumiały trwożnie liście, z przeraźliwym krakaniem przeleciało kilka czarnych kruków, drobne fale biec zaczęły i marszczyć powierzchnię stawu.

Huk jeszcze silniejszy wstrząsnął powietrzem. Wszystko dokoła zadygotało i zakołysało się. Z pluskiem stoczył się do stawu duży głaz leżący na pagórku z małą kapliczką. Brzęknęły i prysnęły barwne szkiełka w oknach świątyni. Przerażone głosy przechodniów, zmieszany, ciągle rwący się na strzępy ryk tłumu dolatywać zaczęły z miasta.

Tymczasem głuche a coraz potężniejsze uderzenia częściej i silniej wstrząsać zaczęły ziemią. Obsunęła się i runęła mała kapliczka na pagórku i zawalił się stary portyk, *tori*, stojący na brzegu, z hukiem gruchnęła murowana brama parku, a słup kurzawy podniósł się wyżej drzew...

Drżała i miotała się ziemia, jak gdyby legiony złych a silnych szatanów rozsadzały jej czarną pierś, walcząc o swoją wolność. Nagle cały staw z wodą, rybami, nenufarami i lotosami wciągnęła w otwierającą się otchłań ziemia, połknęła bez śladu, a po chwili wypluła z powrotem, zmieszawszy muł, wodę i kamienie z trupami ryb i szczątkami zmiażdżonych roślin.

Nie mając sił podnieść się, przerażona, odrętwiała patrzyła *musume* szeroko otwartymi oczami przed siebie. Półprzytomna dojrzała jeszcze walące się drzewa i majaczące w oddali wysokie budynki, miotające się nad miastem potworne języki płomieni, słupy czarnych dymów, ocean pokryty ciemnymi bałwanami o białych, rozwianych w szalonym pędzie grzywach. Trzask walących się gmachów, syczenie ognia, huk podziemnych uderzeń, ryk morza, krzyki, wycie, płacz, tupot nóg setek tysięcy uciekających na oślep ludzi ogłuszyły *musume* i pozbawiły resztek przytomności i siły.

Nie ruszyła się z miejsca i patrzyła nieprzytomnie na powolnie zsuwający się wprost na terasę okap ciężkiego dachu i, z pewnością, długo jeszcze leżała ze zdziwionymi i przerażonymi oczami na dnie stawu pod gruzami Złotej Świątyni, aż znikać zaczęła jako ciało posiadające kształty ludzkie, jako istota, która niegdyś marzyła, wierzyła, płonęła w promieniach nadziei i kochała, nieopatrznie czekając na zdradliwe tajemnicze „jutro".

Ale to „jutro" zgubiło olbrzymią Jokohamę, rozmiotło ją w gruzy, ogniem zatarło ślady miasta, a później rzuciło rozszalałe, rozhukane bałwany morskie, aby zmyły jego zbrodnię.

Znikły w czeluściach ziemi, w łonie oceanu, w wichurze płomieni świątynie, pałace, potężny port, dobytek setek pokoleń, skarby całego narodu i jedną malutką, niedostrzegalną kroplą w tym kielichu męki, łez i bólu było życie młodej *musume* zdmuchnięte jak słaby płomyk wonnej, różowej świeczki ofiarnej...

HARAKIRI

I

„Honor jest sztandarem, honor jest bronią, honor jest celem rycerskich samurajów od wieków".

„Szabla jest duszą samuraja".

Tak mówił niegdyś sławny szogun Ieyasu w *Testamencie Gongen-samy*, a słowa jego pamiętał młody, waleczny kapitan Taki Zenzaburo, gdy pozostał nareszcie sam w dużej sali oddzielonej od głównej nawy świątyni ciężką, haftowaną złotem kotarą jedwabną. Obejrzał całą salę uważnie, podniósł nawet oczy ku sklepieniu i dopiero wtedy na twarzy oficera odmalowało się zadowolenie i spokój.

Podłoga była zasłana nowymi, białymi tatami z ryżowej słomy, na ścianach, pomiędzy oknami wisiały długie i szerokie pasma białej tkaniny i takież wstęgi gęstą siecią prawie całkowicie zasłaniały sklepienie sali. Na oknach stały wazony z czerwonej, gładkiej laki, a w nich duże bukiety z gałęzi żałobnych cyprysów. Dwa proste drewniane świeczniki umieszczono po kątach północnej ściany.

Taki Zenzaburo nigdzie nie spostrzegł przygotowanego posłania i znowu się uśmiechnął i szepnął:

— *Konnichi... Yoroshii!* — Dziś... dobrze!

Przeszedł się po sali i klasnął w dłonie. Kotara natychmiast się uchyliła i oficer w pełnym uzbrojeniu wszedł i z uprzejmym ukłonem zapytał:

— Czego sobie życzy szlachetny samuraj? Mój władca, książę Hiogo, polecił mi spełniać wszystkie życzenia dostojnego więźnia...

Zenzaburo skinął głową i rzekł:

— Proszę przynieść mi moją *tou** i przepisy harakiri.

Po tych słowach zaczął chodzić wzdłuż sali, oficer zaś, skłoniwszy się raz jeszcze, wyszedł.

Taki Zenzaburo jął przypominać sobie, co zaszło w tych ostatnich dniach. Odtworzył wszystko w swojej pamięci z zupełną dokładnością.

— Mikado walczył z szogunem, nie nasza, rycerska rzecz mieszać się w ich sprawy! Powinniśmy słuchać rozkazu. Naszym wodzem jest szogun. On to kazał mi napaść na dzielnicę cudzoziemską w Kobe, ponieważ, jak powiadają ludzie, cudzoziemcy podbudzili mikada do wojny z szogunem, aby bezkarnie mogli wedrzeć się do Dainippon.

Spełnił rozkaz wodza, ale dajmio Hiogo, obrońca mikada, kazał schwytać Zenzaburo i stawić go przed sądem dajmio. Został skazany na śmierć. Wtedy złożył na ręce sędziów prośbę o pozwolenie odebrania sobie życia podług

* Szabla.

odwiecznego rycerskiego zwyczaju — harakiri. Mikado zgodził się i zaraz potem Taki Zenzaburo został odprowadzony do świątyni Ikuta.

Z oględzin sali wywnioskował, że pobyt jego tu nie przeciągnie się do wschodu słońca. Do wieczora pozostawało jeszcze kilka godzin.

Kapitan usiadł na poduszce przed małym stolikiem z plikiem cienkiej bibuły i przyrządami do pisania. Wziąwszy pędzelek, szybko napisał list i znowu klasnął w dłonie. Wszedł inny oficer, powtórzył to samo, co oznajmił jego poprzednik, a usłyszawszy, że więzień prosi o wysłanie listu, wziął kopertę i wyszedł.

Zenzaburo, oparłszy się łokciem o posadzkę, spojrzał w okno. Ujrzał turkusowe, pogodne niebo bez żadnej chmurki, w oddali, na horyzoncie, niby wygięty grzbiet węża ciągnął się łańcuch pokrytych lasem pagórków. Nad nimi wznosił się szczyt wysokiej góry.

— To Maja-san! — westchnął kapitan. Przypomniał sobie, jak niedawno wspinał się na ten szczyt wraz z Kinsuke Izono i jego siostrą. Widział przed sobą barwne kimono małej, figlarnej *musume*, jej drobne stopki i pałające oczka patrzące na niego. Odpoczywali w świątyni księżyca, gdzie stały starożytne posągi bogów i cicho, bez szmeru sunęły białe postacie mnichów poważnych i skupionych.

Tu, przed świątynią, siedząc pod drzewami, przez które przebijały się promienie księżyca, patrzyli na lśniące w jego blaskach morze. Wtedy wyrwały się kapitanowi słowa miłości i wyznań, a *musume* odpowiedziała cichym westchnieniem i główkę oparła mu na ramieniu.

„Wszystko to już minęło... na zawsze — pomyślał Zenzaburo — nie warto myśleć o tym!”.

Znowu zaczął oglądać salę. Wiedział, że za kotarą mieści się nawa świątyni ze złoconym ołtarzem i posągiem Buddy z zielonego brązu.

— Świątynię Ikuta — przypomniał sobie kapitan — zbudowała waleczna cesarzowa Jingo, która na czele wojsk walczyła w zbroi złotej z Koreańczykami. Opiekunką cesarzowej była mądra bogini Waka-Hirumeno-Mikoto i ona to dała jej zwycięstwo... Dawno to było...

Wszedł oficer i podał mu szablę i książkę w białej oprawie z samotnym, czarnym na niej hieroglifem. Zenzaburo wskazał oficerowi na wolną poduszkę i ten natychmiast usiadł.

Kapitan oglądał z tkliwością ostrą klingę i rękojeść z jaszczura, ze złotymi skuwkami. Po chwili, zwracając się do oficera, rzekł:

— Bojowy towarzyszu! Oddaję w ręce twoje tę szlachetną broń. Mój sławny przodek przed sześciu stuleciami znalazł ten miecz w pniu *hinoki* rozłupanego przez piorun. Od tej chwili błysk tej stali widziały różne kraje i morza, a nigdy z rąk naszego rodu nie wychodziła. Oddaj ją Teibi Zenzaburo, memu młodszemu bratu, wraz z obietnicą moją, że do ostatniego tchnienia nie splamię honoru rodu i honoru kasty rycerskiej. Powiedziałem!

— Spełnię, coś powiedział, szlachetny samuraju! — odparł oficer i odszedł, unosząc szablę opartą na obu rękach wyciągniętych przed siebie. Kapitan odprowadzał go wzrokiem, aż zniknął za kotarą. Wtedy zaczął przerzucać kartki książki. Znał ją jak ustawę wojskową, jak alfabet, czytał ją już setki razy. Był to opis, historia i etykieta harakiri.

Już skończył czytanie, gdy stojący na warcie oficer zameldował przyjście szlachetnego Shiro Shiby. Po chwili kotara się uchyliła i wszedł wysoki, barczysty mężczyzna w drogim, jedwabnym kimonie. Zatrzymał się przy wejściu i pokłon złożył do ziemi.

Długo trwała ceremonia powitania, aż nareszcie kapitan odezwał się:

— Shiro Shibo! Jesteśmy z pokrewnych rodów tego samego klanu. Ojcowie nasi razem chodzili na wojnę i przyjaźń na mieczach i ogniu przysięgli. Pisałem do ciebie, gdyż chcę cię prosić o ostatnią przysługę, przyjacielu.

— Jestem na twoje usługi, Taki! — zawołał, kłaniając się, gość.

— Zapraszam cię na *kaishaku**! — ciągnął kapitan. — Wiem, że twoja szabla jednym cięciem odwala kark koński z łbem, więc spokojny jestem, że zetniesz mnie prędzej, niż świadkowie zdążą zmrużyć powieki. Jestem spokojny o to! Proszę cię więc nie o szybkie ścięcie, lecz o to, byś pozwolił mi zdążyć zadać samemu sobie śmiertelny, a zgodny z tradycją cios.

— Taki Zenzaburo... — zaczął Shiba, lecz kapitan przerwał mu słowami:

— Nie sprzeciwiaj się prośbie tego, który dziś jeszcze stanie w otoczeniu cieniów, Shiro, a pamiętaj, że nie drgnę,

---

* Przyjaciel pomagający przy obrządku harakiri.

nie ulęknę się, nie zblednę nawet i hańby i wstydu rodowi, klanowi i kaście samurajów nie przyniosę!

— Wiem — szepnął gość. — Zgadzam się być twoim *kaishaku*...

— *Arigatou!* — Dziękuję! — zawołał ucieszony kapitan. — Niech widzą te kruki cudzoziemskie, jak umiera samuraj!

— Wezmę miecz sławnego Goto Arida, który walczył ramię w ramię z wielkim Yoritomą! — rzekł Shiro Shiba.

— *Arigatou!* — powtórzył Taki Zenzaburo i pochylił się przed gościem do ziemi, dając mu tym znak do odejścia. — Bądź gotów każdej chwili!...

Kapitan znowu pozostał w samotności. Nadsłuchiwać zaczął i do uszu jego doszły ze świątyni odgłosy piły, stuk młotka i kroki kilku ludzi.

„Tak! Niezawodnie, dziś..." — pomyślał i wzrok utkwił w błękit nieba.

II

Już zmierzch zapadać zaczął i Zenzaburo w jakimś rozmarzeniu śledził złocisto-szkarłatne pasma ostatnich promieni zachodzącego słońca. Czerwone błyski nagle się zapalały na załamaniach gzymsów pod rzeźbionym sufitem i na ostrych krawędziach kolumn. Z zadumy wyprowadziło go głośne stąpanie całego tłumu ludzi. Odsunięto kotarę i do sali wszedł książę Hiogo w otoczeniu uzbrojonych samurajów. Kapitan Zenzaburo powstał i złożył księciu niski pokłon. Dajmio pochylił głowę z uszanowaniem, rycerze zaś przyklękli, na znak powitania kładąc ręce na efezach mieczy.

— Przyszedłem — rzekł dajmio Hiogo — aby się dowiedzieć o życzeniach szlachetnego samuraja, którego z wielką radością podejmuję w świątyni Ikuta stojącej na mojej ziemi.

Taki Zenzaburo schylił się w niskim ukłonie i odpowiedział cichym, wzruszonym głosem:

— Jaśnie panie! Składam podziękowanie możnemu księciu za jego uprzejmość, lecz nie mam żadnych życzeń. Jestem księciu wielce wdzięczny za łaski, jakie mi wyświadcza od chwili, kiedy zostałem oddany w jego ręce. Proszę, żeby książę raczył wyrazić mój głęboki szacunek i ubóstwianie naszemu władcy, mikado, i wdzięczność szlachcie swego klanu za tak łaskawe ze mną obejście.

— Czy szlachetny samuraj poczynił wszelkie zarządzenia? — zapytał mistrz ceremonii.

— Moja *tou* jest już w ręku mego brata, Teibi, który potrafi utrzymać ją w rodzie naszym. Mój *kaishaku*, samuraj Shiro Shiba, jest w pogotowiu i czeka na rozkaz twój, możny panie.

Zenzaburo ukłonił się i usiadł sztywny i poważny. Od tej chwili przysługiwało mu prawo wypowiedzenia zaledwie kilku słów wymaganych przez etykietę.

Dajmio i jego rycerze złożyli przed nim jak przed jakimś władcą pełne uszanowania ukłony i odeszli. Zenzaburo pozostawał nieruchomy, zapatrzony w nieznany świat widzialny już dla jego oczu. Nie zwracał uwagi na przesuwających się po sali ludzi, którzy zapalili świeczniki rzucające w mrok obszernej sali krwawe błyski i chybkie cienie, zaścielali podłogę nowymi tatami, śledząc, aby pomiędzy ich brzegami nie pozostawała niepokryta posadzka, wrzucali do kadzielnicy wonną smołę i płatki kwiatów.

Siedział kapitan Zenzaburo jak posąg, nic nie widząc i nie słysząc, chociaż wokoło zaczął się wielki ruch. Ustawiano właśnie drewnianą, z nowego, białego drzewa wannę i zaczęto rozpalać piecyk. Dym podnosił się długą smugą i snuł się pod sklepieniem sali, wychodząc przez niewidzialne w ciemności okno. Kapitan nie poruszył się nawet, gdy postawiono przed nim stolik z owiniętym w białą bibułę kimonem i długi, miękki ręcznik.

Dopiero gdy zupełna cisza zapanowała w sali i w świątyni, Taki Zenzaburo obudził się z odrętwienia. Wtedy wstał, obejrzał wszystkie zmiany zaszłe wokoło niego, odchylił kotarę i zobaczył wnętrze świątyni ledwie oświecone kilku olejnymi lampkami zwisającymi z sufitu. Pośrodku, przed ołtarzem urządzono niewysokie wzniesienie zasłane szkarłatnym suknem. Na posadzce zaś ułożono szerokie pasmo białej tkaniny aż do wzniesienia, na którym miał zakończyć swoje życie on — kapitan Zenzaburo. Była to ostatnia droga, prowadząca do Nirwany, do krainy błogich cieniów. Kapitan zasunął kotarę, szybko się rozebrał i wszedł do wanny. Później przebrał się w przyniesione kimono, starannie się uczesał i usiadł, o niczym więcej nie myśląc.

Zostawało około godziny do północy, gdy w świątyni rozległy się kroki i głosy ludzi. Błysnęły na chwilę oczy kapitana, lecz natychmiast zgasły przykryte powiekami...

Kotara zaczęła się powoli rozsuwać i odkryła wnętrze świątyni mądrej bogini Waka-Hirumeno-Mikoto.

Taki Zenzaburo ujrzał cztery wysokie świeczniki stojące przy rogach wzniesienia i czternaście siedzących postaci o kilka kroków od niego, twarzami do ołtarza. Na progu stanął *kaishaku* i zgiął się w pokłonie do ziemi. Kapitan powstał. Shiro Shiba obejrzał go od stóp do głów, sprawdził, czy Zenzaburo zdjął obuwie, poprawił mu składki kimona i węzeł wzorzystego pasa, odstąpił parę kroków, złożył ukłon i znowu stanął na progu.

Taki Zenzaburo na jedną chwilę przymknął oczy, jak gdyby skupiając myśl, lecz natychmiast ruszył naprzód. Gdy przestąpił próg świątyni, spostrzegł trzech znajomych oficerów stojących tuż przy wejściu do sali.

Zenzaburo z wysoko podniesioną głową powolnym krokiem sunął „białą ścieżką śmierci" w stronę świadków, zatrzymał się przed przedstawicielami klanu i złożył im niski pokłon, zwróciwszy się potem do siedmiu cudzoziemców, skłonił się przed nimi.

Świadkowie odpowiedzieli mu pełnymi uszanowania pokłonami, wtedy kapitan wstąpił powolnym, lecz pewnym krokiem na wzniesienie, przyklęknął dwa razy przed ołtarzem, po czym usiadł plecami do niego, podwinąwszy pod siebie nogi.

Zapanowało chwilowe milczenie.

Taki Zenzaburo pomyślał: „Ile staj odbiegłby mój kary koń przez czas, który upłynie do mojej śmierci?...".

Jeden z oficerów w tej chwili zbliżył się do kapitana i na małej tacy z czerwonej laki podał mu małe zawiniątko w białej bibule.

Kapitan odwinął papier i ujrzał *wakizashi*, krótki sztylet, ostry, połyskujący. Oficer z pokłonem odszedł. Wtedy drugi oficer podszedł do stojącego na lewo od kapitana *kaishaku* i podał mu miecz.

Taki Zenzaburo podniósł sztylet obu rękami do wysokości twarzy i złożył broń na swoich kolanach. Spojrzał do góry, spostrzegł błyski na złoceniu zwisających z pułapu lamp i kadzielnic, zgiął się w ukłonie na chwilę i twardym głosem rzekł:

— Ja, kapitan wojsk szoguna, Taki, z rodu samurajów Zenzaburo, dałem rozkaz bombardowania cudzoziemskiej dzielnicy Kobe. Sąd uznał to za zbrodnię, która zniewala mnie do przerwania pasma mego życia za pomocą harakiri tu, w świątyni Ikuta, poświęconej bogini mądrości. Proszę szlachetnych rycerzy mego klanu i dostojnych cudzoziemców, aby raczyli zrobić mi zaszczyt być świadkami tej ceremonii!

To były ostatnie słowa samuraja Zenzaburo.

Teraz kraina cieni, tajemnicza Nirwana zbliżała się ku niemu. Samuraj jeszcze raz pochylił się w ukłonie, spuścił z ramion i piersi kimono, obnażył swe muskularne ciało do pasa i podłożył szerokie rękawy szat pod nogi w ten sposób, aby podług rycerskiego zwyczaju upaść twarzą naprzód.

Ujął w ręce sztylet i przyjrzał mu się bacznie.

Trwało to zaledwie okamgnienie, ale i tego było dość, aby przed oczami Taki Zenzaburo przemknęły obrazy z bitwy około Kioto i Kamakury, ciemne ściany świątyni księżyca, wzruszona twarzyczka małej *musume*, siostry Kinsuke Izono, pełne rozpaczy oczy matki samuraja i jeszcze coś, czego uprzytomnić sobie nie miał już czasu.

Jednym pchnięciem wbił sobie sztylet w brzuch, przesunął stal powoli od lewego boku ku prawemu, obrócił klingę w ranie i wyjął sztylet, jednocześnie pochylając się naprzód i wyciągając szyję.

Zamigotała w półmroku w straszliwym zamachu długa *tou* Shiro Shiby, spadła na dół jak piorun, rozległ się głuchy łoskot toczącej się z wzniesienia głowy i padającego ciała.

Jeden z oficerów podbiegł, uniósł do góry, schwyciwszy za kosmyk włosów, głowę samuraja i podał ją *kaishaku*. Ten oparł ją na rękojeści swego miecza i powolnym krokiem przeszedł przed siedzącymi świadkami, mówiąc:

— To jest głowa samuraja Taki Zenzaburo!...

Japończycy i cudzoziemcy powstali i, po wzajemnych ukłonach, odeszli. Ceremonia była skończona. Odszedł wierny *kaishaku*, Shiro Shiba, i oficerowie pomagający mu.

W świątyni, na szkarłatnym kobiercu zalanym gorącą, szlachetną krwią, pozostało nieruchome ciało i leżąca obok na pliku białej bibuły głowa tego, który przed kilku minutami był walecznym, kochającym ojczyznę i naród kapitanem Taki Zenzaburo.

O północy bonza bez szmeru otworzył wejście do świątyni Ikuta i zniknął.

Wtedy do świątyni wślizgnęły się dwie niewieście postacie. Na klęczkach podpełzły do złowrogiego miejsca dumnej kaźni i, pochyliwszy się, coś szeptać zaczęły, zginać się w pokłonach do ziemi, ręce do Waka-Hirumeno-Mikoto wyciągać i łkać, łkać, łkać... aż do świtu...

Kogo kryły ciemne, szerokie płaszcze nasunięte na głowy i zasłaniające twarze?

Może to były płatne pogrzebowe płaczki, które czekały, aż samuraje zabiorą ciało swego bojowego towarzysza i zaniosą za miasto, gdzie go spalą z honorami, jakie należą się rycerzowi? A może... A może jedna z nich była matką samuraja, zrozpaczoną i zarazem dumną ze swego syna, który nie drgnął przed obliczem śmierci, a druga małą, wiotką *musume,* co nie zapomni nigdy nocy księżycowej w objęciach samuraja w gaju świątyni na schyłkach Mai-san?...

STARA SZABLA

Wszyscy w Nagasaki znali starego Fumio Yano. Tak przyrósł do tego portu, jak muszla *mijo* przyrasta do dna łodzi rybackich. Nazywano go nie Fumio Yano, lecz po prostu „starzec z zawiniątkiem", a to dlatego, że nigdy nie widziano go bez długiego, wąskiego pakunku owiniętego w kilka warstw bibuły i szmat. Dźwigał go zawsze pod pachą i nigdy się z nim nie rozstawał.

— Jakie skarby masz w tym pakunku, Yano? — pytano nieraz starca.

Uśmiechał się zwykle na to i odpowiadał:

— *Watakushi no tamashii!* — Dusza moja!

— Bacz — śmiano się z niego — aby ci nie skradziono duszy!

— Wtedy umrę! — odpowiadał poważnym głosem i wlókł się dalej.

Dziś stary czuł się bardzo źle, gorzej niż kiedykolwiek. Wydał ostatnie seny zarobione przy sortowaniu podmoczonej bawełny i już od dwóch dni daremnie szukał pracy.

Był to martwy sezon. Fabryki zmniejszyły ilość robotników, większe statki nie przychodziły, więc nie mógł się wynająć jako *katsugi-ninbu* do ładowania lub wyładowywania towarów. A głód tymczasem dokuczał staremu Yano. Nogi mu drżały od osłabienia, a w oczach wirować zaczynały zielone ogniki.

— Źle ze mną, tak źle, jak jeszcze nigdy nie było! — mruknął Yano i rzucił okiem na morze.

Nic! Nigdzie ani śladu dymów okrętowych.

Pokiwał stary głową ze smutkiem i, poprawiwszy pod pachą swój pakunek, podążył w stronę miasta. Znał tam jedno miejsce, gdzie można było znaleźć coś do zjedzenia.

Była to piękna świątynia Suwa. W gaju otaczającym ją rosły cedry i pod nimi staremu nieraz się udawało znaleźć orzechy, w trawie odbijały brunatnymi pędami czerwone boby, które zrywał i zjadał, a co najważniejsze, bonzowie świątyni szanowali zawsze grzecznego i rozumnego starca i częstowali go czasem ryżem z tartą, suszoną rybą lub słodką *daikon**. Nie bardzo lubił wyprawy tego rodzaju Fumio Yano, lecz głód pognał go tam.

Gdy się zbliżył do szerokich, o stu pięćdziesięciu stopniach schodów prowadzących do zacienionej, uroczyście cichej, zawsze pustej świątyni, spostrzegł kilka barwnie przystrojonych *musume*, podnoszących się stopniami, i jakiegoś młodego Japończyka w eleganckim europejskim stroju, fotografującego świątynię, schody i *musume*.

---

* Długa biała rzodkiew.

Fumio pozdrowił Japończyka słowem *gokigenyou* i zaczął się wspinać schodami, słysząc, jak brzęknął za nim zatrzask kodaka.

— Nie ma nic lepszego ode mnie, to niech sobie fotografuje Fumio Yano! — uśmiechnął się sam do siebie starzec.

Na terasie przed świątynią spotkał znajomego bonzę.

— Do was przyszedłem, sługo boży! — szepnął Yano. — Nie ma nigdzie pracy i... jestem głodny.

— Idź, stary Fumio, do gospody! Zaraz będzie wieczerza — zawołał bonza, klepiąc go po ramieniu.

Starzec już chciał odejść, gdy się zbliżył młody Japończyk z kodakiem i zaczął rozmowę z bonzą. Yano był ciekawy, więc pozostał. Młodzieniec rozpytywał bonzę o świątynię, a w jego mowie Yano dosłyszał obce brzmienie i parę błędów nawet.

Bonza poprowadził gościa do świątyni, a za nimi wszedł Yano.

Tu podszedł do ołtarza, klasnął w dłonie i szeptać zaczął:

— Miłościwe bóstwa! Dajcie zarobek i pożywienie staremu Fumio! Głodny jestem, bardzo głodny! Nie mogę nic wam ofiarować, bo nic nie mam, ale złożę ofiarę, gdy będę sam miał. Nie zapomnę! Spełnijcie moją prośbę. Spełnijcie, jeżeli nie dla mnie samego, to dla... niej!

Mówiąc to, dotknął ręką zawiniątka zaciśniętego pod pachą.

Yano składał jeszcze pokłony, gdy bonza zawołał na niego:

— Yano, stary Yano! Chodź tu, chodź prędzej!

Starzec podszedł.

— Ten młody człowiek chce mieć dobrego przewodnika po Nagasaki — rzekł bonza. — Nikt chyba lepiej od ciebie nie zna naszego miasta. Może podjąłbyś się oprowadzić *sanbou* po mieście? *Sanbou* ci za to zapłaci...

— O, naturalnie! Dziękuję! — ucieszył się Fumio Yano.

Obejrzawszy świątynię Suwa, nowi znajomi zaczęli zwiedzać miasto, lecz w pobliżu hotelu Ikkakuro Yano poczuł taki zawrót głowy, iż zmuszony był usiąść na słupku przy chodniku.

— Chory jesteś, starcze? — z trwogą w głosie zapytał młodzieniec.

— Nie, *sanbou*, jestem głodny! — odparł Yano z westchnieniem.

W parę minut potem siedział już przy stoliku naprzeciwko młodego człowieka, a elegancki lokaj hotelowy podawał mu ryż, pieczoną rybę, smażone ostrygi, *daikon* z miodem i znowu ryż, ryż i ryż, biały jak śnieg ze szczytu Fudżi-jamy, smaczny i pożywny.

Gdy się nasycił, młodzieniec kazał podać herbaty i popijali, rozmawiając. Fumio Yano opowiadał swemu znajomemu dzieje Nagasaki, malował życie miasta w dawnych czasach i teraz. Wreszcie nisko się kłaniając, zapytał:

— Przepraszam za moją śmiałość! *Sanbou* przybył z Europy?

— Tak! — odparł młody człowiek. — Z Anglii. Tam się urodziłem. Mój dziad wyjechał z Japonii po rewolucji i rodzina pozostała w Anglii.

— Teraz *sanbou* na zawsze powrócił do kraju? — pytał dalej Yano.

— Nie wiem! — odezwał się młodzieniec. — Przybyłem tu na poszukiwanie naszego rodowodu. Jeżeli go znajdę, mamy otrzymać tu znaczne posiadłości, wtedy powrócimy wszyscy. Jeżeli nie, pozostaniemy w Londynie.

— Przepraszam, że zapytam o nazwisko *sanbou*? — spytał Yano.

— Nazywam się Takiwa Yano — z dumą zawołał młody człowiek. — Pochodzimy ze sławnego rodu samurajów, lecz wyemigrowawszy, zgubiliśmy dowody. Ale co panu jest?

Fumio Yano, blady i drżący, bezwładnie opuścił głowę na stół. Z trudem ocucił go zaniepokojony Takiwa Yano. Gdy stary mógł nareszcie mówić i ruszać nogami, wyszli na ulicę.

Fumio zaprowadził swego młodego przyjaciela na brzeg morza aż za skały portowe. Tu usiedli i starzec, jąkając się i drżąc ze wzruszenia, jął szeptać:

— Utako Yano, waleczny samuraj, nie chciał odstąpić szoguna i był zmuszony porzucić Dainippon. Przed ucieczką pozostawił swemu krewnemu Tairi Yano szablę — *tou, wakizashi* i prawo na posiadłość w okolicach Ohamy. Dziad twój nosił imię Utako?

— Tak! — rzekł zdziwiony młodzieniec. — Utako Yano.

— Jesteś wnukiem Utako Yano, ja jestem synem Tairi. Dostałem w spuściźnie po ojcu obie szable samuraja Utako i dokument na władanie ziemią sławnych przodków. Oto są! Oddaję tobie, gdyż jesteś latoroślą walecznego rodu...

* * *

W rok później do schodów świątyni Suwa z rykiem syreny podjechał samochód, z którego wysiadło dwóch starszych Japończyków i młodzieniec. Jeden ze starszych panów miał na sobie bogate, czarne jedwabne kimono, z hieroglifem szlacheckim na piersi.

Był to Fumio Yano.

Przybył, aby oddać dług miłościwym bóstwom za ich opiekę w chwili, gdy był głodny i słaby...

Przybył, ponieważ przyrzekł.

TAJFUN

Toyori Hiashi był w świetnym humorze. Jego trzymasztowa krypa niosąca żółte fałdziste żagle chyżo płynęła po morzu. O świcie spodziewał się już zobaczyć niebieską linię brzegów Japonii. Patrzał z wdzięcznością na szerokie, spokojne fale morza z lekka kołyszące krypę.

„Głęboko siedzi!" — myślał Hiashi, patrząc, jak większe fale wbiegały na pokład i lizały zwoje umocowanych przy burcie lin.

Krypa musiała siedzieć głęboko, gdyż miała całkowity ładunek składający się z ciemnogranatowych wiązanek wodorostów używanych do jedzenia, a wydobywanych w pobliżu wybrzeża Korei. Był to dobry i drogi ładunek. Toyori Hiashi obliczał swój zarobek i coraz częściej się uśmiechał.

— Zarobimy sobie trochę na starość, Umiko! — krzyknął Toyori, zwracając się w stronę szałasu wybudowanego w pobliżu steru.

— Niech będzie błogosławione imię Kwan-Non! — odezwał się z szałasu niewieści głos i młoda, o przystojnej, opalonej na morzu twarzy kobieta wyszła na pokład.

Była to żona Hiashi, wierna towarzyszka żeglarza. Przyniosła imbryk i nalała mężowi herbaty. Toyori poklepał ją po ramieniu i powtórzył:

— Zarobimy sobie na starość! Kupiłem wodorosty tanio, pomimo że są w najlepszym gatunku, i dobrze sprzedam je w restauracjach w Moji i Shimonoseki, Umiko!

— *Hai!* — Tak! — odparła wesołym głosem.

Umilkli, patrząc na morze i na to, co się działo na pokładzie krypy. Trzech majtków pracowało. Jeden stał przy sterze, dwóch innych naprawiało stary żagiel, od czasu do czasu jeden z majtków wstawał i szedł do linek idących od wydętych, brzemiennych wiatrem żagli, odpuszczał je lub przykrócał.

— *Heisou!** — krzyknął nagle sternik. — *Heisou!*

W głosie majtka była trwoga i Toyori natychmiast podszedł do niego.

— Co ci się stało? — spytał, patrząc na niego ze zdziwieniem.

Sternik w milczeniu wskazał spracowaną dłonią wprost przed siebie.

Toyori Hiashi spojrzał i spochmurniał.

— Zdążymy czy nie? — rzucił krótkie pytanie.

— Nie! — mruknął majtek.

Zachmurzyło się czoło Hiashi, a oczy nabrały groźnego połysku.

— Jak pozwoli Amaterasu**! — dodał majtek.

---

* Gospodarz.

** Bogini morza.

— Chłopcy! — zawołał Hiashi. — Schowajcie wasz żagiel i zabierzcie się do roboty!

Podnieśli głowy i patrzyli na gospodarza.

— Tajfun się zbliża! — dodał niechętnym głosem, odpowiadając na ich nieme pytanie.

Umiko spojrzała na wschód. Spostrzegła duży okrągły obłok. Na początku biały, stawał się coraz żółtszy, a mknął jak pocisk wypuszczony z działa. Trwoga odbiła się na twarzy kobiety, lecz trwało to zaledwie kilka chwil, gdyż natychmiast zaczęła się krzątać, układać rzeczy i naczynia w szałasie i obwiązywać je sznurkami.

Hiashi tymczasem oglądał morze. Lśniło się całe od słońca, które wylewało do wody całe kaskady swoich promieni. Krypa, łagodnie kołysząc się, płynęła spokojnie na wschód, a jej wydęte żagle chwilami opadały, jak gdyby pieszcząc wysmukłe maszty.

Na horyzoncie morze było niby roztopione złoto. Para rekinów doganiała od południa krypę, tnąc wodę grzbietami i wyrzucając w powietrze białą pianę uderzeniami potężnych ogonów.

„Czują zbliżanie się tajfunu — pomyślał Hiashi. — Czatują na nas...".

Tyle razy w życiu widział tajfun na morzu, ale teraz jakieś złe przeczucie zrodziło mu się nagle w sercu i nie opuszczało go.

Wyjął z rękawa szczyptę ryżu i wrzucił ziarnka do morza.

— Tobie, litościwa Amaterasu! — szepnął, przymykając oczy.

Gdy otworzył je po chwili, spostrzegł, iż wszystko naokoło zżółkło i spochmurniało: woda, niebo, obłoki i twarze majtków. Gładka, złoto lśniąca smuga na horyzoncie zmarszczkami pokrywać się zaczęła. Zmarszczki te zmieniły się w bałwany o białych, rozwianych grzywach i pędziły od wschodu z zawrotną szybkością. Hiashi widział, jak odrywały się od grzbietów bałwanów siwe płachty piany i rozpraszały się w powietrzu lub znikały porwane przez doganiające je jeszcze wyższe fale.

Żeglarz rozumiał, że to wicher, straszliwy tajfun smaga biczami morze i pędzi bałwany ku brzegom Azji na walkę ze skałami i piaszczystymi łachami starej ziemi.

Tajfun doleciał do krypy, uniósł ją na grzbiecie wysokiej fali, zsunął dziobem na dno otchłani, aż się zaryła w wodzie, przerzucił przez cały pokład słoną, spienioną wodę i znowu cisnął do góry na grzebień nowej fali. Wicher szaleć zaczął bez przerwy. Syczał i huczał śród masztów i lin, grał na nich jak na naciągniętych strunach, wydobywając z nich ponure, rozpaczliwe nuty, chylił maszty, które przeraźliwie skrzypiały, łącząc swoje dźwięki z trzaskiem i jękiem belek i desek krypy.

Majtkowie spuścili, zwinęli i mocno uwiązali żagle. Tylko jeden pozostał podniesiony do połowy tylnego masztu — wyprężony, tętniący pod smaganiem wichru — i parł krypę naprzeciw mknącym na spotkanie białogrzywym bałwanom.

Krypa wzlatywała do góry i raptownie spadała na dół, nurzając się w wodzie z jękiem i skrzypem. Wypływała znowu, ociekając wodą, i znowu wspinała się na szczyt fali, aby przewalić się przez nią i ślizgać się głębiej i głębiej w obliczu następnej nadbiegającej góry wirującej wody i syczącej piany.

Umiko dawno już ukrywała się w głębi rumu i Hiashi zasunął i zamocował przykrywkę nad lukiem. Majtkowie, czepiając się naciągniętych lin, biegali od żagla do dwóch wiszących czółenek ratunkowych ciągle zrywanych z bloków. Hiashi wraz z trzema majtkami stał przy sterze i kierował krypą tak, aby jej dziób pozostawał wciąż naprzeciw mknącym, coraz wścieklejszym falom.

Nagle tajfun zmienił kierunek. Zakręcił falami, pomieszał je, poszarpał na strzępy i cisnął na prawy bok krypy. Pochyliła się niezgrabnie i bezwładnie i żaglem zaczęła ciąć i czerpać wodę.

— Spuścić żagiel! — zawołał Hiashi, starając się przekrzyczeć wycie wiatru.

Dwóch majtków rzuciło się do masztu, lecz tajfun tchnął i zerwał górną reję. Ciężkie, namokłe płótno mignęło w powietrzu, z rozmachem smagnęło biegnących ludzi, zbiło ich na pokład i porwane potokiem wody, która w tej chwili runęła na krypę, wraz z nimi pogrążyło się w morzu. Na jedną chwilę mignęło ramię wynurzającego się człowieka i znikło na zawsze.

Hiashi i sternik milczeli, przejęci zgrozą.

Tajfun, oszalały i porwany dziką radością, z nową mocą jął się miotać i zaprzepaszczać bezwładną krypę, aż postawił ją bokiem do swych wściekłych podmuchów, pochylił ją tak, że ukazała dno oblepione muszlami i porosłe wodorostami, jęknęła, drgnęła, na moment pokryła się olbrzymią falą i powoli zaczęła się prostować, obracając się na jednym miejscu...

Po pewnym czasie z wolna odsuwać się zaczęła pokrywa luku, a w nim ukazała się głowa Umiko z bladą twarzą i wystraszonymi oczyma.

Obejrzała się wokoło i okrzyk zgrozy zamarł jej na ustach. Na pokładzie nie było nikogo.

Złamane ramię steru leżało jeszcze na pokładzie, zawadziwszy o zwój lin.

Umiko wybiegła i, ślizgając się, pełzła ku szałasowi, szukając męża. Wołała głośno, szlochając, lecz wszystkie dźwięki tonęły w wyciu wichru, w szumie i plusku bałwanów.

Tajfun nie tracił czasu. Wyprężył potężną pierś i tchnął. Pochylił krypę i cisnął olbrzymi bałwan, który jak lawina rozbił się, rozprysnął na pokładzie, łamiąc maszty i znosząc do morza szałas...

Umilkły ciche łkania... Grała tylko długo, bo przez całą noc, triumfująca pieśń tajfunu, rycząca wichrem, grzmiąca falami i sycząca siwą pianą...

O świcie, gdy Hiashi spodziewał się ujrzeć piękny brzeg rodzimej Dainippon, nadleciały mewy, zwiastunki ziemi, szybować zaczęły, miotać w kotłującym się powietrzu i jęczeć, skarżyć się i żalić... jak płaczki żałobne.

BUSHIDOU

Mieszkałem już od kilku dni w hotelu Station i nudziłem się. Upały lipcowe w Tokio są nieznośne, a życie towarzyskie zamiera zupełnie, gdyż cudzoziemska kolonia ucieka z tego zbiorowiska rozpalonych kamieni i asfaltu do Kamakury, Jokohamy, Nikko albo nawet dalej, nad jeziora położone wokoło Fudżi.

Wkrótce jednak znalazłem dla siebie rozrywkę. W zacienionej, ochładzanej za pomocą wściekle kręcących się wentylatorów sali restauracyjnej lub w zacisznym barze hotelu spotykałem przepiękną parę.

Ona — japońska *musume*, elegancko ubrana, wytworna w ruchach i czarująca w akordzie kruczych włosów, śnieżnobiałej świeżej cery, purpurowych warg i płonących piwnych oczu.

On — wysoki, wiotki, rasowy Rosjanin lat trzydziestu, w białym flanelowym kostiumie, z głową dumnie osadzoną na szerokich barkach.

Rozmawiali ze sobą po francusku, a gdy ich spojrzenia spotykały się, ciemny rumieniec zabarwiał im policzki i ciepłe błyski zapalał w źrenicach.

Całym zachowaniem, każdym słowem i ruchem zdradzali miłość wzajemną i triumfujące zakochanie.

Z radością spoczywały na tej pięknej parze oczy wszystkich. Nawet restauracyjni lokaje, szwajcar i kołyszące się na swoich trochę krzywych nóżkach służące spotykali i odprowadzali ich uprzejmym i szczęśliwym uśmiechem.

Widziałem ich często wychodzących razem z teatru, cukierni i muzeów, znajdowałem siedzących w parku Hibia lub zwiedzających Ueno*, a byli zawsze szczęśliwi i weseli, trzymali się za ręce i rozmawiali bez końca.

Doszedłem do tego, że wprost potrzebowałem widzieć ich codziennie, gdy zaś nie udało mi się spotkać ich w sali restauracyjnej, szedłem ich szukać w parku lub na Ginza. Potrzebni mi byli jak słońce, jak powietrze, byli najlepszym lekarstwem na moją tęsknotę. I naraz wszystko znikło.

Pewnego wieczoru nieznajomy zjawił się przy swoim stoliku bez *musume*. Siedział zadumany i zgryziony. Palił papieros po papierosie i, ledwie zapaliwszy, wrzucał go do popielnicy. Patrzyłem na niego uporczywie, śledząc grę jego twarzy i ruchy pełne rozdrażnienia.

„Co się stało z *musume*, świeżą jak kwiatek wiśni? — pytałem w duszy. — Czyżby prysnął czar waszej miłości?".

Naraz nieznajomy obrzucił mnie szybkim spojrzeniem, wstał i podszedł do mego stolika. Wahającym się, niepewnym głosem rzekł:

— Ciągle widywałem pana tu i w innych miejscach... Jesteśmy prawie znajomi... Nazywam się książę Piotr Gamin...

---

* Duży park w Tokio z posągiem Buddy i grobowcami roninów.

Wymieniłem swoje nazwisko. Usiadł obok mnie i ze szczerością niespodziewaną i żenującą, lecz tak zwykłą u Rosjan, zaczął opowiadanie.

— Kochałem nad życie Yoko Witoni, o, i ona mnie kochała! Rodzice jej cieszyli się naszym szczęściem. Mieliśmy się pobrać za tydzień. Przez dwa miesiące byłem tak szczęśliwy, jak tylko może być człowiek szczęśliwym! I nagle jak piorun z jasnego nieba takie straszne nieszczęście!

Umilkł, a w jego głosie dosłyszałem zdławione łzy.

— Co się stało? — zapytałem.

— Szliśmy wczoraj ulicą Ginza, gdy Yoko zadała mi niespodziewanie pytanie: „Gdzie byłeś podczas wojny Rosji z Japonią?". Odpowiedziałem, iż byłem na wojnie. „Walczyłeś?", zapytała. „Tak!", odparłem. Biłem się i za utopienie japońskiego torpedowca dostałem krzyż świętego Jerzego za waleczność. „Taak!", przeciągnęła i, zbladłszy, dłonie przycisnęła do piersi. Zacząłem ją uspokajać, nie pamiętam już, co jej mówiłem, lecz ona milczała i szła obok blada, zdruzgotana. Na wszystkie moje pytania wcale nie odpowiadała. Doszliśmy do parku Hibia, usiedliśmy na ławce i tu wszystko, wszystko się skończyło!

Z rozpaczą ścisnął sobie głowę dłońmi. Milczał przez kilka chwil, a później smutnym głosem ciągnął:

— „Żegnam", szepnęła do mnie Yoko, „żegnam na zawsze!", szepnęła i powstała. „Dlaczego?", pytałem, chwytając ją za rękę. Smutnie opuściła główkę i szepnęła jedno tylko słowo: *Bushidou*...

Umilkł i długo milczał, aż ramionami jego i piersią zaczęły wstrząsać łkania. Wstał i szybko wyszedł z sali. Nazajutrz wyjeżdżał z hotelu Station. Spotkałem go w holu, gdy regulował swój rachunek, a japoński boy układał jego bagaże na wózek.

Gamin spostrzegł mnie, podszedł i, ściskając rękę, rzekł:

— Nie spałem dziś przez całą noc, dużo myślałem i zrozumiałem szlachetność japońskiej kobiety. Jestem bardzo nieszczęśliwy i smutny, lecz czuję dla Yoko głębokie uwielbienie. O, gdybyż rosyjskie kobiety znały prawo *bushidou*, nie spotkałaby nas hańba zdrady na wojnie i jeszcze ohydniejsza hańba i zbrodnia bolszewizmu. Żegnam pana...

Odszedł za boyem i wmieszał się w tłum.

* * *

Potężna jest Japonia swoim *bushidou*.

Jest to patriotyzm i przestrzeganie praw obywatela i jego obowiązków przed władzą, narodem, społeczeństwem i rodziną, stanowiącymi ojczyznę.

O *bushidou* pamiętają tak mężczyźni, jak i kobiety, figlarne *musume* i dzieci. Dla *bushidou* poświęcają życie, osobiste szczęście, przyjemność i nawet najsilniejsze ze wszystkich uczuć — miłość.

Blednie ona przed inną miłością, potężną i olbrzymią, ponieważ jest umiłowaniem całego pracowitego, pełnego poświęcenia ludu i stanowiących państwo Dainippon wysp, które jak sznur pereł ciągną się od mroźnej Kamczatki, gdzie konają góry lodowe, do płomiennej Formozy, rozkosznie wybujałej pod palącym słońcem zwrotnika Raka.

WYKLĘTA WYSPA

O parę mil od Kamakury, gdzie dumnie wznosi nad ziemią swe czoło Budda Daibutsu z brązu, z morza wyłaniała się samotna wysepka. Wąskie i płytkie pasmo wody odcinało ją od brzegu, gdzie rybacy suszyli swoje sieci i naprawiali łodzie.

Olbrzymia skała porośnięta ciemnym lasem nosiła nazwę Yenoshima. Na wybrzeżu, tuż przy wodzie przed wiekami stanęła duża osada rybacka, a mniejsze grupy domków tkwiły wzdłuż piaszczystej łachy otaczającej całą wyspę. Mieszkańcy wysepki pracowali ciężko, a bogaczy wśród nich nigdy nie było. Zajęci byli połowem ryb w otwartym morzu, zapuszczając się nieraz daleko, aż hen, skąd nie było widać brzegów pięknej Hondo, odłupywali od raf podwodnych ostrygi, małe, okrągłe i długie, bardzo duże i tłuste, łapali mięczaki, jadalne robaki morskie, gwiazdy, meduzy i sieciami z drutu wyciągali muszle barwne i muszle z perłowej masy. Wszystko to wieźli czółnami do Kamakury, Jokohamy, a nawet do Tokio na rynek, gdzie wszyscy znali rybaków z Yenoshimy.

Wyżej, na małych terasach wykutych za niepamiętnych czasów w skale stały, tonąc w zieleni i cieniu gajów, wille bogatych kupców z Jokohamy i potomków dajmio z Kamakury. Właściciele rzadko przyjeżdżali w to wiejskie ustronie, gdzie nic nie przypominało europejskich miejscowości leczniczych pociągających do siebie śmietankę arystokracji japońskiej.

Na samym szczycie skały ukrytej przed oczami ciekawych od strony morza i od strony brzegu mieścił się klasztor szinto i świątynia. Kilka malowniczych *tori*, portyków, prowadziło do nich i ubodzy rybacy z osady byli tu dość częstymi gośćmi, ponieważ ze szczytu Yenoshimy cudny i rozległy widok odkrywał się na morze.

Pewnego razu w maju, gdy na południowych stokach Yenoshimy zaczynały już kwitnąć różnobarwne azalie, grupa młodych rybaków i dziewczyn silnych i ogorzałych weszła w ogrodzenie klasztoru i, złożywszy skromne ofiary do skarbony strzeżonej przez staruszka bonzę, skierowała się ku kwitnącym krzakom. Chłopcy usiedli przy dziewczynach i, trzymając je za ręce niby z brązu rzeźbione, napawali się widokiem wspaniałych kwiatów i bezbrzeżną, turkusową pustynią oceanu.

— *Taiyou oyobimizu!** — zawołał młody rybak, Soni Kamura.

— *Oyobi ai*** — dodała z wyrzutem wysmukła, silna jak młody klon Nisi Omori.

---

* Słońce i woda.

** Miłość.

— *Hai!* — Tak... — *ai!* — dodał Kamura. — To lepsze nawet od słońca...

— Słońce pozostanie na wieki i przetrwa wszystko, a miłość zniknie bez śladu! — rozległ się głos i z krzaków wyszedł ponury, niestary jeszcze człowiek w ubraniu pielgrzyma, o przykrej, drwiącej twarzy.

Młodzież nieprzychylnie patrzyła na niego. On zaś przenikliwie oczy utkwił w twarzy zawsze wesołej Nisi i powtórzył:

— Miłość zniknie bez śladu...

— Nasza miłość nigdy nie zniknie! — rzekł, z siłą potrząsając głową Kamura. — Nigdy!

— Młody jesteś i gorący, więc nie widzisz ścieżki pod nogami — mruknął nieznajomy.

Chłopcy i dziewczęta milczeli i czekali, aż odejdzie ten przykry, kraczący jak kruk człowiek o ponurej twarzy i przenikliwych, złośliwych oczach, lecz on usiadł i zdjął kapelusz spleciony z grubej słomy.

— Zaczekajcie chwilę! — powiedział, krzywiąc usta w pogardliwym uśmiechu. — Wkrótce odejdę... wkrótce. Przedtem jednak, nim pójdę dalej, chcę wam coś opowiedzieć...

Usiadł wygodniej i oparł się plecami o pień zrąbanego drzewa.

Dawno, oj, bardzo dawno to było... Nikt już tych czasów nie pamięta i tylko gadka o nich pozostała... Na wyspie Yenoshima zamieszkał jakiś człowiek. Nie wiadomo, skąd przybył dużym trzymasztowym okrętem z liczną załogą. Zbudował tu, na samym szczycie, *shiro* — zamek obronny. Widzicie te głazy? Pozostały one od bramy wjazdowej. Mnisi nieraz znajdują zawiasy i rygle z brązu, rozpadające się w proch miecze i zbroje. Wszystko to pozostało z tamtych dalekich czasów. Nazywał się ten dziwny człowiek Yugawa. Opowiadał o sobie, że pochodzi z dalekiej ziemi, która znikła pod wodą wraz z miastami, ludami, lasami i górami. Wymieniał nazwę tej ziemi, lecz gadka nie przechowała tej nazwy. Yugawa ze swoimi ludźmi napadał na okoliczne wioski i miasteczka i wkrótce opanował całe wybrzeże, gdzie teraz widzimy Kamakurę, Katasę, Uragę, Misaki i Jokohamę. Mężczyzn zabijał, kobiety i dziewczyny brał do niewoli, wybierając niektóre dla siebie za żony, inne oddając swoim wojownikom. Po roku kazał wszystkie zrzucać ze skały do morza, a czynił to zwykle w sierpniu, gdy ocean walczył z Yenoshimą, waląc w nią swymi bałwanami, które pianą pluły do połowy skały. Po roku czynił nową wyprawę i nowe żony dla siebie i swoich ludzi zdobywał. Pewnego razu Yugawa przywiózł sobie brankę. Pięknością zaćmiewała wszystkie kobiety, jakie kiedykolwiek dotykały swymi stopami ziemi Yenoshimy. Tegoż dnia Yugawa kazał przyprowadzić do siebie brankę ubraną w piękne, zdobyczne szaty. Dziewczyna weszła i stanęła przy progu.

— Zbliż się! — rzekł Yugawa.

— Władco — odpowiedziała dziewczyna — zaniechaj mnie! Jestem ze szlachetnego rodu Mei-Yo i byłam przyobiecana innemu.

— Musiał zginąć — uśmiechnął się Yugawa — bo nikogo z mężczyzn nie żywiłem!

Jęknęła *musume* i opuściła zrozpaczoną głowę na piersi.

O świcie dopiero wyszła z izby Yugawy blada i znękana, z niemą rozpaczą w oczach. Wieczorem znowu przyprowadzono ją do władcy, lecz gdy przestąpiła próg izby, gdzie spadła na nią hańba, zajrzała wojownikowi w jego rozradowane oczy i rzekła:

— Daj mi wolność i opuść sam Yenoshimę! Opuść na zawsze... Cienie straconych przez ciebie niewiast wdarły się do podziemi skały i czyhają na chwilę zemsty z woli bogów. Dziś zjawił mi się w pół śnie, w pół jawie korowód bladych postaci i ponurymi głosami oznajmił mi wolę bogów. Przyjdzie prędko czas wielkiej wojny, brzemiennej krwią, ogniem i mordem, a gdy przeminie, bogini Amaterasu zrzuci wyspę z jej posad i pochłonie ją paszcza oceanu. Później, gdy woda zmyje ze skały ślady twojej zbrodni, otchłań wypluje skałę na dawnym miejscu. Przetrwa ona wieki, a gdy przyjdzie nowa wojna, w której ginąć będą narody i kraje, wtedy po raz drugi połknie Yenoshimę morze, połknie na zawsze, zwalniając mściwe cienie twoich ofiar zamkniętych w piersi skały. Pamiętaj!

Śmiał się z przepowiedni okrutny, krwawy Yugawa, kazał strącić do morza wieszczkę i nową obrał sobie żonę. Po kilku wiosnach walczył z jednym z północnych klanów, pustynię po sobie na Hondo pozostawiając i potoki krwi. W rok później podziemne szatany wstrząsać zaczęły ziemią Nippon, zalewać ją ognistą lawą, popiołem gorącym zasypywać i niszczyć falami rzucanymi przez Amaterasu na brzeg. Zawaliła się Yenoshima wraz z zamkiem Yugawy i osadą jego wojowników. Tejże nocy wynurzyła się ze spienionego morza, przechowawszy z siedziby potężnego władcy zaledwie kilka głazów i kawałków brązu... Pamiętajcie, co mówiłem!

Objął wszystkich swoim ciężkim wzrokiem i ciągnął dalej:

— Była wielka krwawa wojna. Księga Karmy sprawiedliwości zapełniona została do ostatniej karty zbrodnią ludzką. Czekajcie zguby Yenoshimy! Czekajcie!...

Skończył i odszedł, nawet nie rzuciwszy słów pożegnania...

Minęło od tego dnia kilka miesięcy i hufce podziemnych szatanów ruszyły do boju. Wylały roztopione wnętrze Asamy na łany i miasta, przysypały żrącym, palącym popiołem, rzuciły do domu płonące żagwie, a po nich pomknęły na wstrząsaną, kołyszącą się ziemię, dygocącą jak gdyby w ostatnim zmaganiu się ze śmiercią, białe szeregi mściwej Amaterasu, bałwany morskie odrywające skały od piersi gór, znoszące do szczętu lasy, łany i potężne *shiro*, zamki...

Drgnęła, pochyliła się i runęła Yenoshima, tworząc potworny wir, w którym ginęły krypy żaglowe, łodzie rybackie i okręty, walczące z morzem... Czy uszli śmierci zwinny i wesoły rybak Soni Kamura i wysmukła, z brązu rzeźbiona Nisi Omori? Czy miłość ich znikła bez śladu razem z Yenoshimą tam, gdzie się rozwarła paszcza otchłani głęboka na trzy kilometry i gdzie w księżycowe noce nad morzem snują się mgławicowe widma ofiar krwawego Yugawy, wychodźcy z nieznanej, zaginionej krainy?...

TANIEC MIECZA

I

Na południu od Hondo na wszystkich drzewach wiśniowych już nabrzmiewały różowe pączki. Całe tłumy dążyły do parku Ueno w Tokio, aby podziwiać pierwsze przebudzenie wiosny.

W Tokio, w Kioto, Jokohamie, Osace, Nagasaki, Nikko, Nagoi i w innych mniejszych i większych miastach gejsze śpiewaczki, gejsze tancerki i deklamatorki przygotowywały się do wielkich wiosennych popisów w stolicy. Gdy poranna zorza różowymi blaskami muska drzewa wiśniowe, biało-różowym kwieciem przybrane niby welonem młoda oblubienica, do Tokio przybywają gejsze ze wszystkich miast. Małe, podobne do laleczek porcelanowych gejsze *miako*, wspaniałe gejsze magnolie z Nary, piękne gejsze piwonie z Kioto, gejsze azalie, gejsze kwitnącego klonu i inne spotykają się tu, w grodzie mikada, i ubiegają się o tytuł gejszy wiosny, gejszy królowej. Nieraz do dziesięciu tysięcy najpiękniejszych, najbardziej utalentowanych, pożądanych przez wszystkich kobiet kwiatów przesuwa się przed oczami tłumów, gdzie obok dumnego potomka rodu Tokugawa, możnych niegdyś dajmio, oficerów i uczonych siedzą tragarz — *akaba*, popychacz dżenerikszy — *gesha*, prosty robotnik — *ninpu* i uśmiechnięta zawsze *sentakuya* — praczka, o popękanych od mydła dłoniach.

Przed tym tłumem odbywają się doroczne popisy szkół tańca, deklamacji i śpiewu oraz najbardziej słynnych *haoshi* — gwiazd ze światka gejsz.

W małym miasteczku Omori tonącym w bujnej roślinności, w znanej szkole gejsz tancerek starej Miko Yamaguchi, która przed dwudziestu laty zdobyła tytuł gejszy *haru*, przygotowywano się do popisu w Tokio. Miko miała tylko sześć wychowanek, a wśród nich najzdolniejszą była wysoka, cienka jak trzcina i świeża jak zroszony biały nenufar Kallio Kanni. Dziewczynka tańczyła już w „tańcu ziemi" w ubiegłym roku i zasłużyła na oklaski najbardziej surowych sędziów, znawców sztuki gejsz. Być może, że już wtedy dostałaby nawet upragniony tytuł, gdyby nie to, że zjawiła się również słynna Aki Shimbo, nieprześcigniona w tańcach historycznych i rytualnych, i ta zdobyła palmę pierwszeństwa, wykonawszy taniec ziemi w zupełnie nowy, odmienny sposób. Prawda, że stara Miko Yamaguchi sarkała i z przekąsem mówiła coś o upadku sztuki, o nowatorstwie i zaniedbaniu obyczajów tanecznych.

Lecz tytuł gejszy *haru* pozostał przy Aki Shimbo na cały rok. O! Jakże dobrze zapamiętała sobie ten dzień porywcza, zwinna Kallio! Spotkało ją wtedy wielkie szczęście obok nieszczęścia, a nie zdawała sobie sprawy, co było większe: szczęście czy nieszczęście?

Było to tak. Gdy jeszcze w oczekiwaniu występu siedziała na estradzie w swoim barwnym, pięknym stroju, jaki noszono przed trzema stuleciami, spostrzegła w pierwszym rzędzie widzów młodzieńca. Szczupły, wysoki, o ciemnej, dumnej twarzy i dużych, rozmarzonych oczach, miał na sobie drogie kimono z herbem swego rodu na ramionach. Siedział swobodnie i spokojnie rozglądał się po szeregach gejsz i tłumie widzów. Kallio spostrzegła pewną uniżoność tych, którzy zbliżali się do młodzieńca i rozmawiali z nim.

Gdy zatrzymał na Kallio Kanni, małej gejszy *miako* z Omori, swój dumny wzrok, a jego rozmarzone oczy rozszerzyły się i błysnęły, tancerka wydała radosny okrzyk i malutkie, wypieszczone dłonie przycisnęła do piersi. Uczuła wtedy, że w sercu nagle rozkwitł purpurowy kwiat miłości, wżarł się swymi pędami w każdą żyłę, w każdą kroplę krwi, w każdą myśl, rodzącą się w pięknej, pełnej nadziei główce.

Wszystko na świecie zasłoniła sobą ta postać męska, błyski tych rozmarzonych oczu wielkiego pana.

Nie wiedziała mała Kallio Kanni, nieznana nikomu gejsza *miako*, że oczy jej pieściły potomka możnego rodu Tokugawa.

Wkrótce przyszła kolej na jej taniec. Tańczyła, nie spuszczając oczu z dumnej twarzy młodzieńca, tańczyła tylko dla niego jednego, tańczyła, nic poza nim nie widząc i tylko instynktem wyczuwając rytm orkiestry złożonej z *koto* i *shamisenów*.

Gdy skończyła, młodzieniec zaczął klaskać w dłonie i przyjaźnie się do niej uśmiechać.

Rumieniec zalał jej policzki, a serce przestało bić w piersi.

Gdy upadła w ukłonie na niebieskie sukno estrady, ręce wyciągając do tłumu widzów, usłyszała wyraźnie:

— Drogocenna perła! Marzenie poety! Kwiat wiosenny!

Mówił to młodzieniec, któremu wtórowali otaczający go poważni *sanbou*.

Gdy schodziła po skończonych tańcach wszystkich gejsz z estrady, szukając Miko Yamaguchi, nieznajomy zbliżył się do niej i spytał z ledwie wyczuwanym, drwiącym uśmiechem:

— Tańczyłaś dla mnie?

— Gdy na niebie świeci słońce, wszystko dzieje się pod jego promieniami — odparła gejsza.

— Dlaczego patrzyłaś na mnie? — pytał dalej.

— Gdy słońce świeci, oczy śmiertelników nie widzą gwiazd, tylko jego promienne oblicze! — szepnęła.

— Jesteś nie tylko piękna i zgrabna jak sarna leśna, ale i dobrze wychowana, umiesz mówić ładne słowa — powiedział, uśmiechając się.

— Ładne słowa nieraz kryją jeszcze piękniejsze myśli! — odpowiedziała zmieszana.

— Myśli? — powtórzył młodzieniec.

— I uczucia!... — szepnęła jeszcze ciszej.

— Robisz mi wyznania miłosne, dzieweczko! — odparł drwiącym głosem.

— Tak, szlachetny *sanbou*...

— Mówisz to z taką prostotą, śliczna Kallio Kanni! — zawołał młodzieniec, dotykając jej dłoni.

— Zachwycona ręka z prostotą zrywa piękny kwiat! — odparła, podnosząc na niego oczy.

— Chcesz, abym cię wykupił u twego właściciela i miał cię jako kochankę? — spytał, pochylając się ku niej młodzieniec.

— Chcę być kamieniem, który potrąca twoja stopa, *sanbou*, twoją niewolnicą, zabawką, lecz zarazem twoją radością i szczęściem.

Młodzieniec wyprowadził ją z tłumu w aleję zacienioną cyprysami i tu zaczęli przechadzać się. Powoli opanowało go dziwne wzruszenie. Usta mu drżały i pałały oczy. Długo milczał, wreszcie przemówił:

— Mała gejszo! Jesteś jak świt wiosenny, jak biały kwiat perlący się czystymi łzami rosy. Mógłbym uczynić tak, jak pragniesz. Lecz... lecz pochodzę z wysokiego rodu... Mnie nie wolno poślubić zwykłej kobiety... Mieć cię jako kochankę... tak jak to czynią bogaci kupcy i młodzi arystokraci chełpiący się swymi przyjaciółkami, nie chcę... Nie chcę! Szkoda mi ciebie... Zmuszą cię do włożenia we włosy purpurowego kwiatka... zostaniesz gejszą kamelią... Nie! Nie chcę...

Powiedział to szczerym, gorącym głosem, a ręka jego ściskająca dłoń Kallio była zimna i drżąca.

— *Sanbou, sanbou* mój! — szepnęła nieśmiało gejsza. — Czyż nie lepiej mieć miesiąc gorącej miłości niż lata całe szarego, smutnego życia? Pomyśl!

Młodzieniec opuścił głowę i zamyślił się. Rozumiał, że los rzucił na jego drogę niewinną sercem i duszą dziewczynę, że nieuchwytna bogini kojarząca mężczyznę i kobietę zapaliła w piersi pięknej gejszy żagiew płomiennej miłości dla miłości, dla szczęścia, dla słońca niegasnącego przez całe życie. Wahał się...

— Nie! — zawołał nareszcie stanowczym głosem. — Nie, dzieweczko! Tego uczynić nie mogę. Lecz jest jedno wyjście. Tytuł gejszy *haru* nadaje sam mikado. Jest to tytuł równy herbom szlacheckim. Takie gejsze królowe wchodziły jako żony do domów samurajów, a nawet dajmio. Rozumiesz?

Kallio Kanni podniosła główkę i radośnie uśmiechać się zaczęła.

— Rozumiem, *sanbou*, rozumiem! — zawołała, chwytając go za obie ręce. — Dziś zwalczyła mnie Aki Shimbo, lecz to nic! Będę przez cały rok pracowała od świtu do zachodu słońca i prześcignę ją, prześcignę!

Potem już nic więcej do siebie nie mówili, a wkrótce rozstali się aż do nowej wiosny, gdy ogołocone z liści stare wiśnie w parku Ueno przywdzieją różowe szaty.

II

Nastał dzień popisu. Osiem tysięcy gejsz stanęło do walki o tytuł *haru*, a wśród nich również przesławna Aki Shimbo. Patrzyła na rywalkę skromna Kallio Kanni, widziała, jak uśmiechała się Aki, z pogardą spoglądając na inne tancerki, pewna zwycięstwa i oklasków tłumu.

Gejsze tańczyły różne tańce lubiane przez lud Dainippon. Tłum w skupieniu i zupełnym milczeniu śledził każdy ruch gejsz *miako*. Chwilami tylko niby fala po łanie zbożowym biegł cichy pomruk zadowolenia i zamierał gdzieś daleko, aż pod ogrodzeniem Ueno.

Kallio długo nie mogła odważyć się podnieść główki, aby przyjrzeć się tłumowi, temu potworowi o tysiącach połyskujących oczu, bojąc się napotkać źrenice tego, którego kochała, nie znając nawet jego imienia, a jeszcze bardziej obawiając się, że może nie ujrzy ściągłej, dumnej twarzy o płonących, rozmarzonych oczach.

Wreszcie zwalczyła strach i oczy błagalne w pierwszych rzędach widzów utkwiła. Drgnęła.

Spostrzegła umiłowanego nad życie, nad słońce, nad sławę. Siedział tuż przed estradą i, pochyliwszy się do strojnie, bogato ubranej *musume*, coś jej szeptał do ucha.

— To jego siostra, zapewne, ma równie dumną twarz i wysoka jest jak on — uspokajała siebie gejsza, zwalczając obawy i podejrzenia.

Aki Shimbo tymczasem wyszła na estradę i w towarzystwie innej gejszy wykonała „taniec kwiatów wiśniowych", spodziewając się, że w tym tańcu przewyższy współzawodniczkę.

Szumne oklaski spotkały Aki Shimbo za jej sztukę pełną wdzięku i zrozumienia ducha czasu i kultu.

Teraz herold wyszedł i oznajmił:

— Szkoła gejsz *miako* z Omori, kierowana przez szlachetną, znakomitą Miko Yamaguchi, wystawia zapomniany „taniec miecza" w wykonaniu uroczej Kallio Kanni!

Gejsza powstała, skłoniła się do ziemi. Gdy się podniosła, w każdym jej ruchu, spojrzeniu, w każdym drgnieniu twarzy, w najmniejszej fałdzie złocistego kimona, w drżeniu kokardy *obi* już odczuwał się taniec. Cała postawa gejszy była uosobieniem trwożnego oczekiwania, co dręczy, osłabia duszę i zrywa się chwilami w rozpaczliwy szał.

Pomruk tłumu zachwyconego grą gejszy, a nawet lekkie okrzyki kobiet i *musume* coraz częściej rozlegać się zaczęły.

Tymczasem taniec trwał dalej. Kallio chodziła wolnym krokiem, w którym wyczuwały się boleść i śmiertelne znużenie, nagle zatrzymała się z załamanymi rękoma i pałającym wzrokiem patrzyła z nadzieją i rozpaczą w dal, skąd czekała wyroku dla siebie... Brała kwiaty i obrywała płatki, wróżąc. Szukając zapomnienia, goniła motyle, ale wnet przychodził niepokój i kazał gejszy miotać się po estradzie w niemej rozpaczy, w torturze oczekiwania...

Zjawiła się inna gejsza, gejsza służebnica.

Żałobny strój i zbolała twarz mówiły o nieszczęściu... Wicher rozpaczy porwał Kallio. Wyprężyła się jak trzcina, na którą tchnął mroźny wiatr, a ona daremnie ciągnie się ku słońcu.

Tymczasem służebnica ruchami i wyrazem twarzy opowiadała, że ukochany samuraj poległ śmiercią walecznych i kochance posyła miecz krwią rycerską zbroczony i prośbę, aby pamięć o nim w swym sercu do śmierci przechowała.

Miecz rycerski złożyła na ziemi i odeszła.

Kallio czołgać się ku niemu zaczęła, do ziemi samej rozpaczą przytłoczona, łzami zalana, bólem poszarpana. Ujęła miecz drobnymi dłońmi i twarz zbolałą do zimnej stali tuliła i łkała, zawodziła bez głosu, bez łez.

Widzom oddechu w piersi brakło na widok rozpaczy. Nie widzieli takiego tańca, zapomniano o nim dawno. Stara Miko odnalazła go gdzieś w starych rysunkach japońskich malarzy i pokazała potomkom dawno umarłych bohaterów z Hondo, Jezo, Sikoku, tych, co to śmiałe najazdy na smętną Koreę i na stare Chiny czynili, roznosząc sławę Dainippon.

Łkała i zawodziła gejsza chwil kilka, aż, widać, stal miecza przemówiła do niej, gdyż jęła wpatrywać się w nią zdziwiona i rozradowana. O czym mówiła stal?

Ruchami i wyrazem twarzy opowiedziała o tym piękna, wiotka gejsza.

To była pieśń bojowego miecza, co błyskał w ręku rycerza, szerzył klęskę śród wrogów, siał lęk i zgrozę, rozbrzmiewał sławą przy każdym cięciu, przy każdej migotliwej błyskawicy, gdy z świstem rozcinał powietrze. Padł rycerz ugodzony strzałą w serce, ale miecz pozostał w ręce stygnącej i ta ręka oddała go giermkowi, aby przekazał jej, ukochanej, tęskniącej i na zawsze porzuconej, bez nadziei spotkania.

— Odszedłeś, odszedłeś na zawsze! — woła tanecznymi ruchami tancerka z Omori. — Pozostawiłeś mnie samą, samą na całej ziemi! Bogowie, gdzież sprawiedliwość?! Jak chryzantema bez słońca, tak ja bez ciebie, umiera chryzantema — umiera *musume*...

Ostatnia walka młodego ciała z życiem, z jego wołaniem potężnym, z jego pokusą nowego szczęścia... lecz serce samotne i zrozpaczone już bić nie może...

— Idę do krainy cieniów za tobą, do ciebie, do ciebie, umiłowany mój! — zrywa się krzyk bez dźwięku, niemy a straszny w ruchach miotającego się ciała wzburzonego ostatnią, śmiertelną tęsknotą.

Upadła gejsza na ostrze miecza i ruchem nieznacznym z fałd złocistego kimona długie pasmo szkarłatnej wstęgi wyrzuciła, jak gdyby krew swą oddała ziemi, radość i ból rodzącej dla ludzi, dzieci swoich...

Nigdy nie pamiętało Tokio takiego wybuchu zachwytu i uznania. Od oklasków i krzyków w całym parku Ueno drzewa szemrać zaczęły i ronić różowe płatki swych kwiatków, zdziwił się i uśmiechnął dobrotliwie Budda-olbrzym, a cienie czterdziestu roninów w zdumieniu do grobowców swych pierzchły.

— Gejsza *haru*! Gejsza *haru*! — wołano ze wszystkich stron.

— Kallio Kanni, powtórzyć! — rwały się krzyki.

— Powtórzyć!

Gejsza *miako* z Omori powtórzyła swój taniec, zmuszono ją tańczyć jeszcze raz... i znowu, znowu.

Siedem razy wykonała Kallio Kanni taniec miecza, najtrudniejszy taniec dawnych gejsz z czasów, gdy na wojnę chodziły wraz z samurajami i pancerze miały na piersiach. Tańczyła coraz piękniej i wymowniej, gdyż widziała zachwyconą, wpatrzoną w nią z miłością i uniesieniem twarz tego, za którego sama poszłaby na śmierć i niedolę, bo kochała...

Tłum ryczał i szalał, żądając dla niej tytułu królowej gejsz:

— *Haru! Haru!*

Heroldzi oznajmili wolę mikada, który z wyroku sędziów nadaje Kallio Kanni, gejszy *miako* z Omori, tytuł gejszy *haru*, gejszy wiosny.

Lecz ona już tego nie słyszała. Leżała w głębokim omdleniu, blada, bezwładna, a piękniejsza jeszcze.

Obudziła się wreszcie we wspaniałej sali, wśród miękkich, jedwabnych poduszek i kwiatów, kwiatów bez liku.

Cichy okrzyk zdziwienia wyrwał jej się z ust przybladłych.

Uchyliły się drzwi i wszedł młodzieniec o ściągłej, poważnej twarzy i oczach rozmarzonych a pełnych ognia. Przy nim kroczył stary *sanbou* o nieruchomej jak u posągu i uroczystej twarzy. Gdy poznała umiłowanego, zdawało się jej, że to tylko piękny sen, więc dotknęła czoła, oczu i ust, myśląc, że śni i widzi w marzeniu umiłowanego, ku któremu mknęło jej serce, myśli i gorące pragnienie młodego ciała.

Tymczasem młodzieniec podniósł ją i rzekł:

— Ja, Hinayoshi z rodu Tokugawa, biorę ją, ojcze, za żonę, gdyż jest ona gejszą *haru*, równą nam z łaski mikada, a ukochaną przeze mnie nad naszą starą krew, nad słońce, morze i góry! Ja nie chcę życia bez Kallio Kanni, kwiatu mojej duszy, ognia mego serca do ostatniego tchnienia mego...

— A ty, *musume*, czy chcesz go? — spytał starzec, dotykając ramienia Kallio.

— O, *sanbou*... Ojcze! — zawołała ze łzami szczęścia gejsza.

Więcej nic nie mogła powiedzieć Kallio Kanni i do nóg starca upadła.

TAJEMNICA PÓŁNOCNEJ ŚWIĄTYNI

I

Gdzieś niedaleko od południowego wybrzeża wyspy Hokkaido, wśród gór i lasów stoi, przeżywszy wieki, świątynia buddyjska. Rzadko kto odwiedza ten stary, sczerniały budynek ze stojącym w zmroku posągiem mędrca Gotamy i z przerażeniem ogląda potworne twarze przeróżnych bóstw umieszczonych na ołtarzu, pod ścianami świątyni i na długich, czarnych od starości, zasnutych pajęczyną półkach pod pułapem skleconym z grubych belek cyprysowych. Kilku starych mnichów strzeże tego zaniedbanego i nieodwiedzanego przez pobożnych przybytku Buddy Sakia-Muni i własnymi, spracowanymi rękoma naprawia szkody poczynione przez nielitościwy czas i żarłoczne szczury.

Starcy walczą z nimi, jak mogą, burzą też gniazda nietoperzy kryjących się za czarnymi posągami o oczach ze szkła lub kamieni. Ciężki prowadzą żywot — w nędzy i pracy od świtu do północy. Nieraz już dostawali rozkaz od najstarszego kapłana buddyjskiego z Kioto lub od jego zastępcy z Hakodate, aby zdać świątynię na łaskę losu i czasu, co burzy wszystko i niepamięcią niby piaskiem przyprósza, lecz bogobojni starcy błagali, aby pozwolono im było trwać przy świątyni nadal i bronić jej. Zmuszała ich do tego myśl pełna wyrozumienia dla ludzi i miłość do nich.

II

Niedaleko od Hakodate, w małej mieścinie rybackiej, w lipcu odbywało się święto narodowe. Towarzyszyły mu wyścigi rybaków na lekkich czółnach, ubieganie się młodzieży o tytuł najlepszego pływaka i nurka. Nie tylko ludność osady, lecz nawet liczni przyjezdni widzowie z Hakodate, Sawary i Nakanosawy zalegli wysoki brzeg, przypatrując się widowisku.

Najciekawszym momentem popisu była walka pewnej pary pływaków — dziewczyny i młodzieńca.

Tsuki Akiyama była córką wójta, najbogatszego rybaka w Hakodate. W czasie wielkich połowów sto trzydzieści dużych łodzi wypuszczał stary Akiyama na morze, a swymi sieciami mógłby ogarnąć całą zatokę Iburi — od północnego Muroranu do południowej Sawary. Dumny był ze swego bogactwa i wyniosły w obejściu z ludźmi. Dumę i ambicję przelał na córkę jedynaczkę — Tsuki. Dziewczyna była jak nimfa Urakawy, wysoka, rozrosła, zwinna w ruchach i silna jak młodzieniec spędzający całe życie na morzu wśród sieci, wioseł, żagli i lin przesmolonych. Miała siedemnaście lat, lecz na jej dziecinnej, złocistobrązowej twarzyczce było tyle zawadiactwa i śmiałości, że bez uśmiechu nie można było patrzeć na nią. Co najbogatsi rybacy i kupcy, a nawet kilku oficerów marynarki nagabywało ojca Tsuki o rękę córki, lecz on groźnie chmurzył czoło i odsyłał starających się do dziewczyny. Ta klepała się po mocnych, zgrabnych biodrach i, ukazując białe, połyskujące zęby, odpowiadała:

— Owszem... Ale chcę mieć męża lepiej ode mnie pływającego. Wyjdę za tego młodzieńca, który na popisie zapłynie dalej ode mnie...

Kilku zakochanych na śmierć w Tsuki przyjęło te warunki. Jeden z nich nawet utonął niedaleko od przylądku Shiokubi, inni zaś ze wstydem powrócili i później opowiadali, że dorównać Tsuki nikt nie zdoła, gdyż dziewczyna płynie sobie i płynie i może, z pewnością, przepłynąć ocean, oni zaś nie chcieli i nie mogli bez narażenia życia odbywać z szaloną *musume* takiej ryzykownej przedślubnej podróży... do Ameryki.

Tak się więc złożyło, że Tsuki Akiyama słynęła na całej Hokkaido jako niedostępna *musume* i pierwsza pływaczka, czym się bardzo chełpiła.

W opisywanych zawodach przeciwnikiem jej był młodzieniec nieznany w okolicach Hakodate i w osadach rozrzuconych po brzegach zatoki Iburi. Gdy się przedstawiał sędziom, powiedział, że się nazywa Ten Shiahara, że jest rybakiem z wyspy Rebun, skąd czyni dalekie wyprawy do Morza Ochockiego, ścigając wieloryby i foki.

Ubrany był bardzo skromnie, prawie ubogo, lecz pod ciemnogranatowym kimonem wystawała niby wielka misa przewrócona do góry dnem, potężna pierś. Był małomówny, spokojny i skupiony.

Siedząc w herbaciarni, usłyszał drwiny z przybyłego śmiałka-rybaka, lecz tylko raz błysnęły mu długie, skośne oczy, gdy ktoś opowiadał o Tsuki Akiyamie, jej sztuce pływania i warunkach stawianych przez nią nieszczęśliwym konkurentom.

— *Hai!* — Tak! — mruknął do siebie i spokojnie wypuścił strugę dymu z fajeczki rybackiej.

Tsuki szukała wszędzie swego współzawodnika, żeby spojrzeć na niego i ocenić jego wartość. Jeden z młodych rybaków przyprowadził ją do herbaciarni, gdzie siedział Ten Shiahara.

— A! Tsuki Akiyama! — krzyknęli młodzi rybacy, ujrzawszy dziewczynę. — *Gokigenyou!* Jutro nowy triumf czeka na ciebie, ty nimfo!

Dziewczyna uśmiechnęła się i spod oka zaczęła śledzić rybaka z wyspy Rebun. Ujrzała sczerniałą, smagłą twarz podobną do głowy drapieżnego ptaka, potężną pierś i muskularne brązowe ręce wychylające się z szerokich rękawów kimona. Rzucił na nią obojętnym okiem, pochylił się, zapalając fajeczkę, spojrzał raz jeszcze i dość głośno zapytał się stojącej za ladą posługaczki:

— Jak się nazywa ta *musume*? Ta, co siedzi tam, przy oknie? Powinna dobrze pływać, bo ma mocne ciało i śmiałe oczy...

— Jak to? — zapiszczała zapytana. — Nie znasz Tsuki Akiyamy? To pierwsza pływaczka na całej Hokkaido! Z nią to będziesz jutro ubiegał się o pierwszeństwo. Bacz, abyś nie utonął, młodzieńcze!

Zaśmiała się i odeszła, ujrzawszy nowego gościa.

— Niewielu, widać, macie dobrych pływaków na waszej Hokkaido! — mruknął, ale Tsuki dosłyszała słowa Tena.

Serce w niej kołatać zaczęło, zarumieniła się i małe pięści ścisnęła z siłą.

„Czekaj no, ty *aoi fukuro**, będziesz się miał jutro z pyszna!" — pomyślała z oburzeniem dziewczyna i zawadiacko potrząsnęła głową.

III

Nazajutrz o godzinie dziewiątej z rana Tsuki Akiyama na dany przez sędziów sygnał skoczyła do morza i popłynęła. Pierwszy wyścig miał się odbyć na krótką metę, lecz na szybkie pływanie.

Tsuki w barwnych, pływackich spodenkach, z obnażoną piersią, ramionami i ogami była piękna. Jej złocistobrązowe ciało, silne i zgrabne, na tle szafirowej wody pociągało ku sobie oczy tłumu.

— Ej! — westchnął jakiś mieszczuch. — Szczęśliwy będzie ten, komu ona się dostanie.

— Tak! — potwierdził inny. — Dziewczyna jak posąg, jak rusałka czy nimfa ze starych bajek...

---

* Granatowy worek.

Tsuki z siłą rozcinała wodę silnymi, zgrabnymi rękami, aż piana pod nimi wirowała. Bała się obejrzeć, gdyż myślała, że Ten Shiahara płynie za nią.

Shiahara tymczasem stał na brzegu bez kimona, w stroju pływackim pozwalającym podziwiać jego straszliwie szeroką i wypukłą jak kopuła pierś, muskularne ręce, nogi i grzbiet niby splecione z grubych rzemieni lub lin. Stał i patrzył za oddalającą się dziewczyną, patrzył z błyskami radości w oczach.

— Tsuki Akiyama! Przepiękna *musume*! — szeptał przez zaciśnięte zęby wpatrzony w brązowe ciało Tsuki coraz bardziej oddalającej się od brzegu. Już z trudem można było dojrzeć czerwony czepek gumowy na kruczych włosach pływaczki, gdy jeden z sędziów krzyknął:

— Tenie Shiahara, dlaczego zwlekasz? Może zaniechałeś zamiaru walczyć z naszą Tsuki?

— Mam czas! — odezwał się niedbale i, powolnie poprawiwszy pas na biodrach, rzucił się w morze.

Znawcy pływackiej sztuki, Japończycy, od razu zrozumieli, że widzą przed sobą mistrza. Płynął odmiennymi, niestosowanymi w Japonii ruchami. Wyskakiwał z wody i wyrzucał daleko naprzód ramiona, jak gdyby chwytając się za niewidzialne liny ciągnące go coraz dalej na otwarte morze, gdzie wśród niewysokich fal, majacząc szkarłatną plamą czepka, chyżo sunęła Tsuki Akiyama.

Przy każdym ruchu ręki rybak cały wynurzał się z wody jak delfin goniący stado ryb. Z opalonego grzbietu i nóg ściekała mu woda, a ciało wtedy połyskiwało pod padającymi promieniami słońca.

Zaczęła się gonitwa. Tsuki obejrzała się wreszcie zdziwiona, że nie słyszy za sobą odgłosów płynącego przeciwnika, i nagle ujrzała jego wyrzucające się ponad wodę ciemne ciało, z zawrotną szybkością zbliżające się ku niej. Podwoiła wysiłek, dopłynęła do umieszczonej na morzu mety i, zawróciwszy, skierowała się ku brzegowi, robiąc drugą połowę wyścigu. Gdy przepływali sobie na spotkanie, rybak krzyknął:

— Nie męcz się na próżno, piękna *musume*, przegrasz!

— Zobaczymy! — odkrzyknęła i pędzić zaczęła, ile sił starczyło.

Shiahara dopłynął, okrążył metę i gonił dalej. Z wysokiego brzegu widzom wydawało się, że to latająca ryba ucieka od goniącego ją delfina, lecz zrozumieli, że gonitwa długo nie potrwa. Rybak, ani na chwilę nie zwalniając pędu, dogonił dziewczynę i spokojnie popłynął obok.

— Może zmęczyłaś się, *musume*, tedy pozwól, że podtrzymam cię...

Tsuki, zamiast odpowiedzi, przyśpieszyła ruch.

— Nie chcesz rozmawiać ze mną? — rzekł Shiahara. — Dobrze... Wtedy patrz, jak się pływa. Ucz się, a być może na przyszły rok będziesz pierwsza, jeżeli ja tu nie przyjadę.

Jednym uderzeniem odsadził od niej o jakie dwa korpusy i, nie oglądając się za pozostałą, jął wyrzucać się z wody i sunąć, jak rekin, samymi grzbietami fal, przelatując w powietrzu z jednej na drugą.

Tsuki Akiyama była jeszcze daleko od brzegu, gdy rybak już wyciskał ręcznik, którym miał owiniętą głowę, i spokojnie spoglądał na zachwyconych sędziów, krzyczących widzów i zbliżającą się dziewczynę.

— Takiego pływaka nigdy nie widzieliśmy, młodzieńcze! — zawołał stary wójt Akiyama.

— Na Rebunie wszyscy tak pływamy! — odparł skromnie, naprężając spokojnie oddychającą pierś podobną do dwu tarcz złożonych razem.

W kilka minut po Tsuki dopłynęli inni współzawodnicy smutni i źli. Tsuki miała łzy w oczach i ciężko oddychała.

— Jak śmiał! Jak śmiał ten rybak drwić sobie ze mnie! — mówiła, prawie płacząc i tupiąc nogami.

— Za szybkość pływania pierwszą nagrodę zdobył Ten Shiahara, drugą — Tsuki Akiyama! — oznajmił sędzia, a tłum natychmiast odpowiedział rykiem, jak to zwykle tłum.

Odbywały się jeszcze inne zapasy i wyścigi, lecz na końcu był najważniejszy wyścig na najdłuższy dystans pływania.

O nagrodę ubiegało się dziesięciu pływaków. Pośród nich byli Ten Shiahara i Tsuki Akiyama.

Sędzia zatrąbił w muszlę i dziesięć półnagich ciał skoczyło do wody. Współzawodnicy płynęli, nie śpiesząc się, gdyż mieli przed sobą trudne zadanie, tym trudniejsze, że zerwał się wiatr, podniósł fale, a wierzchołki ich uwieńczył białymi grzywami.

Tylko Ten Shiahara płynął szybko, prawie tak samo jak wtedy, gdy gonił Tsuki.

Wyprzedził wszystkich i znikł w oddali. Z brzegu tylko przez lornetkę można było dojrzeć śród fal obwiązaną ręcznikiem głowę pływaka.

Jeden po drugim zawracali współzawodnicy i, położywszy się na wznak, płynęli do brzegu. Tylko Ten Shiahara dążył dalej i dalej.

Przez silne lornetki morskie widziano go, jak wyrzucał po swojemu rękami i sadził gwałtownymi rzutami z bałwana na bałwan, rozpryskując pianę ich rozwianych grzyw.

Wreszcie zatrzymał się, położył na plecy i czekał. Po pewnym czasie dopłynęła Tsuki. Rybak podniósł się w wodzie i spojrzał. Byli sami na kotłującej się, spienionej pustyni.

Podpłynął do dziewczyny.

— Chcę mówić z tobą poważnie, *musume*! — rzekł, zaglądając jej w oczy.

— Czego chcesz, *sanbou*? — spytała pokornym głosem, mimo woli z zachwytem patrząc w jego śmiałe oczy.

— Mnie nikt nie dorówna w wodzie — ciągnął — pływam tyle, ile chcę! Biję się w wodzie z rekinami i napadam na kaszaloty, co zabijają ludzi uderzeniem swojej płetwy. Rozumiesz, *musume*? Moglibyśmy z tobą płynąć aż na tamten brzeg oceanu, jeżeliby po drodze były jakieś herbaciarnie, gdzie dawaliby coś do przetrącenia. Rozumiesz?

— Widzę twoją przewagę, *sanbou* — odparła dziewczyna. — Powracam.

— Zaczekaj! — zawołał. — Zapłynąć tak daleko, jak ty zapłynęłaś, nie lada kto potrafi. Powrócimy razem i podzielimy nagrodę.

— *Arigatou!* — Dziękuję! — szepnęła Tsuki. — Jest to wielki zaszczyt dla mnie...

Nie śpiesząc się, płynęli razem do brzegu z biegiem fal i z wiatrem. Tu spotkano ich oklaskami i okrzykami.

IV

Nazajutrz po wyścigach pływackich Ten Shiahara zapukał do domu wójta Akiyamy. Sam gospodarz spotkał go i, rzecz dziwna, spotkał uprzejmie.

— A, zwycięzca, triumfator! — zawołał.

— To będzie od ciebie zależało, czcigodny wójcie! — odparł, kłaniając się, Shiahara.

— Jak to?

— Przyszedłem prosić o rękę twojej córki. Podoba mi się Tsuki Akiyama i chcę ją mieć za żonę — swobodnym i pewnym głosem objaśnił rybak.

— Chcesz ją mieć za żonę? Podoba ci się Tsuki? — zawołał stary. — Ale co to może mnie obchodzić?

— Podług obyczaju przyszedłem do ojca, aby prosić o rękę jego córki! — ciągnął Shiahara.

— A ona? — spytał stary.

— Tsuki nie odmówi! — mruknął rybak.

— No, no! — zdziwił się wójt. — Taki jesteś pewny?

— Tak! — odparł.

— No, to idź i rozmawiaj z nią! — śmiejąc się, rzekł stary. — Idź!

Shiahara spokojnym krokiem wszedł do ogrodu, gdzie *musume* doglądała kwiatów.

— Tsuki-san! — powiedział Ten Shiahara. — Przyszedłem po ciebie.

Obróciła się i patrzyła na niego zdumiona.

— Tak! — powtórzył. — Przyszedłem po ciebie. Chcę, abyś była moją żoną...

— Ty? — zapytała, śmiejąc się szczerze. — Ty, rybak z Rebuna?

— Obawiasz się, że jestem biedakiem? — mówił Shiahara. — To prawda, że tak jest, ale to dlatego, że jestem samotny i niewiele potrzebuję dla siebie. Gdy będziemy razem, będę pracował dużo i prędko dojdziemy do bogactwa! Mam trzy duże morskie łodzie, prawie takie jak krypy, a lepsze, bo zwinniejsze i szybsze. Popłyniemy razem z tobą! Ty nie widziałaś Ochockiego Morza? Siwe jest jak głowa starca, a góry lodowe suną tam niby wielkie okręty, które zgubiły ster. Znam na wybrzeżu Azji miejsca, gdzie są legowiska drogocennych fok, szałasy koczowników polujących na sobole i kuny, piaszczyste łachy wychodzące daleko w morze, gdzie w piasku ukryte są duże kawały bursztynu żółtego jak miód... Zabierzemy to wszystko i będziemy bogatsi od twego ojca...

Podszedł i ujął ją za rękę, lecz Tsuki wyrwała mu ją i ze śmiechem powiedziała:

— Pływasz dobrze, ale to jeszcze nie racja, żebyś w ten sposób mówił do Tsuki Akiyamy!

— Szkoda! — mruknął Shiahara. — No, ale to nic nie zmieni... I tak będziesz żoną Tena, a siwe morze będzie pieściło twoje ciało podobne do posągu z brązu lub drogiej koralowej laki, która długo leżała na słońcu. *Sayonara*, Tsuki-san!

Rzekłszy to, nisko się ukłonił i wyszedł.

Zaciekawiona jego śmiałością i prostotą dziewczyna patrzyła na oddalającą się wysoką, zwinną postać dziwnego rybaka.

V

Ten Shiahara nie odjechał. Pozostał w osadzie i przesiadywał całymi dniami w herbaciarni, a gdy przekonał się, że sakiewka jego opustoszała, poszedł do konkurenta starego wójta, też bogatego rybaka, i wynajął się za robotnika. W osadzie wkrótce dowiedziano się, że młody rybak nauczył robotników swego gospodarza nowych sposobów połowu ryb, z czego właściciel ciągnął duże zyski ku wielkiemu niezadowoleniu zazdrosnego i skąpego Akiyamy.

Pewnego razu wypadło kilka dni świąt i młodzież z osady wybrała się na wycieczkę do zapomnianej świątyni mądrego Buddy.

Przejechawszy kilka stacji koleją, podróżni odbywali dalszą drogę pieszo.

Droga szła lasem, wspinała się na góry i spuszczała do głębokich dolin. Młodzież bawiła się, zbierając kwiaty polne, goniąc się wzajemnie, włażąc na drzewa po orzechy cedrowe.

Ten Shiahara często zbliżał się do Tsuki, rozmawiał z nią, opowiadał o wycieczkach swoich na morzu, o polowaniu na foki i wieloryby, o piratach, z którymi staczali bitwy mieszkańcy Rebuna, lecz ani razu nie wspominał o swoich nieudanych oświadczynach. Zachowywał się z całą swobodą i wesołością. Drażniło to hardą dziewczynę.

„Zapomniał o tym, co mówił wtedy?" — myślała, szukając w oczach rybaka cieplejszych błysków lub zmieszania na twarzy.

Lecz Ten Shiahara niczym nie zdradzał smutku lub miłości. Zachowywał się względem Tsuki tak samo, jak względdem innych *musume*, a wyróżniał szczególnie jedną, małą, wiotką i słabą Gashi Taori. Śpiewał dla niej piosenki rybackie, zrywał kwiaty i orzechy, przenosił ją przez górskie, wartkie potoki.

„Szukał orlicy, a znalazł szczyglicę!" — myślała Tsuki, wzruszając ramionami.

Nareszcie doszli do świątyni i rozlokowali się w małym hoteliku utrzymywanym przez mnichów.

Zwiedzili świątynię, gdzie złożyli ofiary pieniężne, modlili się przed starym posągiem Nauczyciela z Sakia, a później, obszedłszy okolice świątyni, powrócili do hotelu, gdzie mnisi przyrządzili dla podróżnych skromną ucztę.

Gdy zasiedli do wieczerzy, brakowało tylko Tena Shiahary.

Tsuki od razu to spostrzegła i zawołała, klasnąwszy w dłonie:

— *Ohe!* Gdzieś nam się zaprzepaścił Ten...

— Powiedział mi — odezwała się Gashi Taori — że pójdzie kąpać się do jeziora, bo mu tęskno do wody.

— Ty już wszystko wiesz o Tenie, Gashi! — powiedziała z przekąsem Tsuki.

Mała, blada *musume* zarumieniła się po uszy i to też spostrzegła Tsuki.

Lecz Shiahara tymczasem wcale o kąpieli nie myślał. Przyłapał jednego z kapłanów, chodził z nim przed świątynią, pytał i słuchał, potem coś obszernie tłumaczył starcowi i kilka razy palce zapuszczał do pasa, wyciągając z niego srebrne jeny.

Powrócił dopiero wtedy, gdy wszyscy już byli po wieczerzy i siedzieli przed hotelem. Rybak naprędce zjadł trochę ryżu i wyszedł do całego towarzystwa.

Wkrótce zjawił się stary mnich, nawiązał rozmowę, a potem rzekł:

— Do spoczynku jeszcze sporo czasu, młodzi *sanbou* i urocze *musume*! Pozwólcie więc, że opowiem wam coś, co jest związane z naszą starą świątynią. Mamy tu wśród posągów jeden wyobrażający boga rozpraszającego zwątpienia. Jeżeli mężczyzna lub kobieta nie wiedzą, co mają myśleć, czuć, czynić — dość spędzić w świątyni czas do północy, gdyż bóstwo w jakikolwiek sposób da stanowczą odpowiedź, a zwątpienia i wahania natychmiast pierzchną. Był tu niegdyś sławny Taiko-sama, syn prostego *heimina*, wieśniaka. Czuł w sobie wielką siłę, lecz nie wiedział, na co ma ją skierować. Przybył tu, a bóg, o którym mówię, wskazał mu jego drogę. Taiko-sama pojechał do potężnego Nobunagi, stał się wielkim wodzem, pojął za żonę siostrę mikada i stał się szogunem, wspaniałym *kawanbaku**. Kiedy Nobunaga burzył świątynie Buddy, wtedy wdzięczny za radę bóstwa Taiko-sama obronił naszą świątynię i oto stoi po nim już prawie czterysta lat...

Kapłan umilkł, a Shiahara mruknął dość głośno do jednego z rybaków:

— Pójdę dziś do tego boga. Dwie dziewczyny mi się podobają, a nie wiem, którą wolę...

---

* Wódz całej armii.

Wstał i, podszedłszy do mnicha, zaczął się z nim układać.

Słowa rybaka usłyszała Tsuki i, wyślizgnąwszy się z grona towarzyszy, nie wiedząc, po co to czyni, pobiegła ku świątyni i uprosiła mnicha klucznika, aby ją tam wpuścił.

VI

Bonza wprowadził Tsuki do świątyni, zapalił jedną lampkę i odszedł, obiecawszy przyjść o północy. Dziewczyna pozostała sama, myśląc o dziwnym, niepojętym rybaku, który mówił tak stanowczo, że chce mieć ją za żonę, i nagle o wszystkim zapomniał. Nawet żalu nie ma do niej za odmowę i drwiny.

„Nie ma ani krzty dumy! — błysnęła jej myśl. — To wstrętne! Parobek... A teraz ta mała, słaba jak pisklę Gashi Taori... Nie rozumiem, co w niej znalazł Shiahara?! Jednak zdaje mi się, że ją kocha, bo się opiekuje nią i godzinami rozmawia z nią...?".

Naraz Tsuki drgnęła. Dwoje jarzących się oczu wparło w nią nieruchome źrenice. Przyjrzała się i przekonała, że to jakiś czarny bóg patrzył na nią szklanymi oczyma, w których migotały błyski lampy. Odeszła na prawo — oczy szły za nią, przeszła na lewo — bóg i tu śledził ją połyskującymi w mroku źrenicami. Przykry chłód zaczął się zakradać do piersi *musume*.

Później jakieś niewyraźne szmery rozlegać się poczęły po kątach świątyni, gdzieś za ołtarzem coś brzęknęło żałośnie, to znów ciche cykania dochodziły jej uszu, jakieś powiewy dotykały czoła i twarzy...

Już zaczęła drżeć i ze strachem się oglądać, gdy podwoje świątyni rozwarły się i na tle srebrzystej nocy księżycowej poznała postać Tena Shiahary. Szedł powolnym krokiem, w mroku nie spostrzegł jej i przeszedł na drugą stronę, zniknąwszy w głębokim cieniu za ołtarzem.

Dziewczyna długo nadsłuchiwała, lecz rybak żadnym dźwiękiem nie zdradzał swojej obecności.

Szmery, brzęki i powiewy, które przy wejściu Shiahary nagle ustały, znowu się zerwały, szły ze wszystkich kątów, z czarnej, tajemniczej ciemni wiszącej pod pułapem. Coś cykało cienko i żałośnie jak pokutująca dusza i lekko potrącało o szkła okien, jak gdyby wyrwać się chciało i ulecieć.

Tsuki starała się nie patrzyć na boga, który przeraził ją swymi nieruchomymi, lecz żywymi źrenicami, po pewnym czasie jednak podniosła oczy i ujrzała straszną maskę posągu. Wykrzywił usta w napadzie niemego śmiechu, wyszczerzył olbrzymie kły, oczami świdrował w jej mózgu i sercu.

Tsuki wydało się, że słyszy nawet cichy chichot potwornego boga i że twarz jego w migotliwych blaskach lampki zmienia swój wyraz i staje się coraz bardziej drwiąca i roześmiana.

Krzyknęła i pędem pobiegła za ołtarz, gdzie skrył się Ten Shiahara.

Zobaczyła go stojącego z wyciągniętymi na jej spotkanie ramionami.

Drżąca, dygocąca cała przycisnęła wylęknioną główkę do jego potężnej piersi i tuliła się, jak dziecko do matki, coraz bliżej i mocniej...

— No, Tsuki-san, no, już wszystko dobrze, już nie ma żadnego strachu! Ja cię przed całym światem obronię, nie bój się! No, no, mała, cudna *musume*! Kwiecie mego serca, słońce mojej duszy, miłości i pragnienie Tena Shiahary! Uspokój się!... Już wszystko dobrze!...

Długo uspokajał dziewczynę młody rybak, głaskał po włosach i rękach, nucił jak nad kołyską ciche piosenki o oceanie, marzeniu i szczęściu, aż *musume* zarzuciła mu ramiona na szyję i uśmiechnęła się cicha, szczęśliwa i... poskromiona.

Nie słyszała już Tsuki-san szmerów i szelestu śmigających wszędzie szczurów, cykania i powiewów nietoperzy, nie widziała potwornej twarzy boga rozpraszającego zwątpienia. A właśnie padło światło księżyca i twarz jego stała się dobrotliwa i figlarna, tylko usta swoje krzywił dziwaczny, stary zapomniany bóg i chichotał, zanosił się od śmiechu...

LOTOSY

I

Niedaleko od starej Jokohamy stały przed czterystu laty olbrzymie świątynie z posągami Buddy Gotamy. Ludzie nie pamiętali ani czasów, gdy tu stanęły, ani ludzi, którzy wznosili te potężne ściany z grubych kloców cedrowych i sosnowych, mury z kamieni, piękne pagody z porcelany, laki i złocenia, posągi bóstwa z brązu, drzewa, kości lub tajemniczych nefrytów, barwą przypominających zielone wodorosty z dna głębokiego stawu, ciepłą, różową skórę niewinnej *musume* lub obłoki mleczne, mgliste i tajemnicze.

Za świątyniami ciągnęły się zabudowania klasztorne, domy zajezdne, przepełnione ryżem spichrze, składy ze wszelkim dobytkiem, pałacyki starszych mnichów i bonzów w żółtych i czerwonych szatach.

Kapłani Buddy zapomnieli przepisów jego mądrej nauki i pędzili życie w bezczynności, zabawach i rozpuście, gorsząc naród Dainippon i rzucając w jego środowisko ziarna zepsucia i trucizny dla ducha.

Nikt już nie wertował starych ksiąg mądrości, nikt nie studiował Atharwawedy, Dhammapady i Katha Yatthu, nie czytał życiorysów boskiego Sakia-Muni i mnisi coraz bardziej pogrążali się w ciemnocie i zepsuciu. Słowa ich były jak suchy piasek, jak ziarno od dawna zgniłe i umarłe, jak tchnienie mogiły. Nikogo już one nie porywały, nie wstrzymywały i nie nauczały.

Pobożni przestali odwiedzać świątynie i unikali kapłanów głoszących prawdę zimnymi ustami obłudników. Niewiara i zwątpienie wkradły się w serca ludu, aż stracił ścieżkę prowadzącą do Boga przez trzęsawisko życia.

Zbrodnie i zepsucie panować zaczęły na ziemi Dainippon. Nic już nie kierowało ludem. Wiara stała się przesądem, miłość — rozpustą, ojczyzna — targowiskiem, mądrość — zwątpieniem.

Zdawało się, że naród, stary, waleczny, uczciwy naród zapadł na ciężką i śmiertelną chorobę.

Ujrzał tę klęskę Nobunaga, wielki syn swego kraju. Całe życie poświęcił walce o spokój i potęgę Dainippon. Poskramiał możnych a czyniących krzywdę dajmio, hamował swawolę walecznych samurajów i z dymem puszczał osady rozbójników i piratów, tylko trupy za sobą zostawiając.

Na drodze stanęli mu kapłani i mnisi ze świątyń Buddy. Zapomnieli oni prawa, co doszły z Gangesu aż hen na Hondo, Hokkaido, Kiusiu, Sikoku i Karafuto, i w bezczynną, bezwładną i bezładną tłuszczę zamienili naród przez groźnego Nobunagę umiłowany nad życie.

Przywołał pewnego razu Nobunaga przed oblicze swoje ulubionego wodza, Hideyoshi, i jego druha wiernego, Ieyasu i rzekł:

— Gdy na dobrym drzewie rodzić się poczynają trujące owoce, ogrodnik ma ściąć to drzewo, ponieważ przestało być dobrym.

Wodzowie słuchali w milczeniu, nie rozumiejąc, do czego zdąża władca, a ten ciągnął dalej:

— Wielki nauczyciel, Budda, rzucił nam ziarna swojej nauki, iskry swego ducha. Porwał je wiatr południowy i niósł przez Indie, Chiny, Koreę... Upadły na naszą ziemię i plon obfity przyniosły. Lecz źli ludzie, duchem słabi i nieświadomi wielkiego celu, stratowali żyzny łan i zgasili płomień boski! Ze zdrowych ziaren chwasty wyrosły, z ognia — ciemność powstała. Zbrodniarze powinni być śmiercią karani, krzew jadowity ma być z korzeniami wyrwany.

— Rzekłeś, władco! — odpowiedzieli wodzowie. — Lecz o kim mówisz? Na kogo ma spaść ręka twoja?

— Nędzni, rozpustę szerzący kapłani mądrego Buddy mają zginąć! Ich klasztory i świątynie oddacie płomieniom, gdyż trucizna dla ducha obrała sobie w nich siedlisko...

Odeszli Hideyoshi i wierny Ieyasu, a w kilka dni później po całym kraju szalała krwawa wichura. Wojownicy Hideyoshiego mordowali bez litości żółtych i czerwonych mnichów i kapłanów Buddy i palili klasztory i świątynie, jak gdyby dżuma straszliwa kryła się w ich murach.

Gdy Hideyoshi doniósł Nobunadze, że wszystko już skończone, władca zechciał odwiedzić najbliższy klasztor zburzony z jego rozkazu.

Pokazano mu około Jokohamy miejsce, gdzie stały świątynie, pagody i domy mnichów.

Nobunaga stał i patrzył na zgliszcza, gruzy i trupy.

Nagle do duszy jego zakradło się zwątpienie.

„Czy dobrze uczyniłem, burząc przybytki Buddy?” — pytał siebie z trwogą.

Długo trwała ta rozterka i walka w duszy, aż Nobunaga padł twarzą na ziemię i zawołał głośno:

— Buddo, Nauczycielu dobrotliwy! Miota się dusza moja i nie mam znikąd odpowiedzi. Błagam cię, uczyń cud, abym wiedział, dobrze czy źle zrobiłem dla mądrości twojej i dla dobra ludu mego! Uczyń cud!

Nie zdążył jeszcze skończyć błagania swego, gdy z ziemi zgliszczami i skrwawionymi trupami pokrytej wyrastać zaczęły lotosy.

Rosły szybko, pędy puszczając obficie, aż pysznie zielenić się zaczęły piękne liście i różowym, żółtym i białym kwieciem rozkwitły wspaniale.

Cała równina w morze lotosów zmieniać się zaczęła, ciesząc oczy Nobunagi i kojąc trwogę jego wielkiej duszy...

II

Za Jokohamą od tego czasu pozostało to pole lotosów. Umierają i rodzą się na nowo, gdy miesiąc Amidy — sierpień — łka i łzy roni nad ziemią, smętny i beznadziejny. Wtedy kwitnąć poczynają lotosy wokoło Jokohamy, szeleszczą szerokimi liśćmi i budzą uśmiech nadziei pysznymi, cieszącymi wzrok kwiatami o kształtach cudnych, o barwach wesołych.

Szemrzą i szeleszczą liście, opowiadają stare baśnie, wspominają o dawnych ludziach i dziejach, głoszą proste hasła prawdy, rozpalają miłość dla słabych, rzucają ogniste słowa wołające do walki z nieprawdą i zbrodnią.

Nic nie zmienia woli Amidy i proroczego życia lotosów.

Podziemne, mściwe szatany wstrząsnęły piękną Hondo, w gruzy i zwaliska zmieniły wspaniałe Tokio, zadumaną o przeszłości Jokohamę, uśpioną Kamakurę, rozmarzone Nikko i Nagoję, lecz lotosy przetrwały dzień kaźni, wybujały pięknie i barwnie i szepcą stare opowieści o dawnych klęskach, mękach i dziejach, aby ludzie zrozumieć mogli drogi prawdy i wiekuistego szczęścia.

Żyjcie jak najdłużej, pyszne, barwne lotosy!

Cieszcie oczy ludzi, kójcie ich troski, mówcie o życiu krótkim jak błyskawica i o duchu nieśmiertelnym i potężnym, co nie zna grzechu, nieprawdy, wojny i mordu, o duchu, tym najpiękniejszym darze Boga Twórcy, który ręką miłościwą i hojną rzucił go na ziemie białych, żółtych, brązowych i czarnych ludzi, do wszystkich zakątków lądów i wysp, aby kiedyś z tego siewu wyrosła prawda bez skazy, nieśmiertelna jak Bóg i potężna jak On!

SPIS TREŚCI